巴山蜀水

艾新全　陈晓林◎总主编

BASHANSHUSHUI SANXIANJIANSHE

第二辑

中国文史出版社

巴山蜀水

三线建设

BASHANSHUSHUI SANXIANJIANSHE

陈晓林◎编著·摄影

重庆市三线建设掠影

第二辑

·卷二

中国文史出版社

第一章　重庆市江北区企事业单位

目录

第二章　重庆市南岸区企事业单位

巴山蜀水

三线建设

重庆市江北区企事业单位

　　我的母亲和弟弟曾经在重庆制药六厂工作，这是一家位于重庆市江北区的三线扩能企业，从他们身上，我感受到了顽强拼搏、吃苦耐劳的三线精神。

　　工作之后，我与江北区的制药、化工企业多有接触。现在又是自费专门跑三线企业的遗址，千方百计地走了这个区内的 46 家单位，心情非常复杂。我常常在想，为什么做强、做优、做大的企业，像长安厂、药友厂、电线厂等，只有少数几家。而大多数企业则是气息奄奄，甚至已经垮掉了呢？每家三线时代的大中型企业，国家是精心布局和投入重金，现在存在一些困难和问题，是否需要系统性地进行资源整合呢？

　　在那个艰苦奋斗的年代，在国家经济很困难的情况下，依靠全国人民节衣缩食，我们打下了一个既可以应付战争，又可以面向未来发展的三线工业基础。现在社会发展了，它们或许一时还没有跟上时代发展的步伐，但毕竟留下来的那一笔笔资产是非常厚重的和令人难以释怀的。那既是国家的物质财富，也是社会的精神财富。我们应该倍加珍惜，并尽其可能让它发挥更好的经济和社会效益。

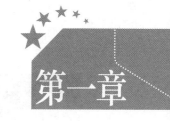

第一章

第01节　国营长安机器制造厂

抗日战争时期，国民政府迁都重庆前后，搬迁来了许多兵工厂，长安机器厂是其中重要的大厂之一。

长安机器厂的前身是上海洋炮局，由清朝大臣李鸿章1862年在上海松江城外创办，是中国近代史上的第一家工业企业。1865年，因李鸿章升任两江总督，将其迁至南京，更名为"金陵制造局"，主要生产各种枪炮。1929年，改名为"金陵兵工厂"。1937年"八一三"事件爆发，金陵兵工厂被日机数次轰炸。之后，西迁重庆，更名为"重庆

兵工厂"。在国民政府军政部兵工署的序列里，被称为"兵工署第21兵工厂"，所以重庆人又有一个熟悉的称呼："21兵工厂。"重庆解放后，1957年，改名为国营长安机器制造厂（简称"长安机器厂"或"长安厂"）。在五机部和兵器工业部系统，其代号是456，因此系统内的人，更多的是叫它"456厂"。

2021年10月25日，全国著名的三线建设研究专家、上海大学文学院历史系教授吕健昌专门来重庆，与重庆三线两会的艾新全、陈福正、张再坤、王兆泉、李治贤、吴学辉专题商议了一个问题，并达成共识：应该把在三线建设时期有大动作的老兵工厂，纳入三线建设研究的研究对象。

长安机器厂在三线建设时期做了三件事：其一，为重庆市、西南地区乃至全国三线企事业单位输送了655台设备、2257名各类技术和管理人才，除此

① 长安厂办公楼
② 长安厂生产加工区
③ 长安厂生产加工区

之外，还有不少的援外任务。其二，据 1996 年《重庆市志·国防科技工业卷》介绍：四五六厂（长安机器厂）包建的二四六厂在璧山青松公社青河大队破土动工。该厂为精密加工工艺研究，也是精密车床的修理厂；1965 年 5 月，四五六厂将重机枪生产线疏迁至江津县城关镇建厂，定名为二三六厂，也就是后来军转民、生产"长风牌"电冰箱的长风机器厂；同年 7 月，四五六厂又将 12.7 毫米高射机枪和 14.5 毫米高射机枪疏迁到了宜宾专区南溪县大观区建了新厂，定名为二一六厂，这就是后来生产"长庆牌"电冰箱的长庆机器厂。其三，增建了长 30 毫米的舰炮和 37 毫米高射炮自动化生产线，形成了小口径火炮生产基地。

从 1965 年至 1975 年，长安机器厂的建筑面积，已经增加到了 35.2 万平方米，生产设备增加到了 1743 台。据 1991 年西南师范大学出版社出版的《重庆文史资料第三十五辑》介绍：长安机器厂分迁和支援的设备共有 655 台，职工 2257 人。"疏散建厂两个，长风厂和长庆厂，就是产品转出去生产；包建了青山厂，没有产品转出。"原西南兵工局党委副书记王兆泉如斯说。由此可见长安机器厂对三线建设的贡献有多大。

① 长安厂生产加工区　④ 拆迁中的家属区
② 长安厂生产加工区　⑤ 长安厂的二甲医院
③ 拆迁中的家属区

第02节　国营江陵机器厂

　　江陵机器厂也是一家老兵工厂,工厂名称历经多次更迭。

　　1936年至1940年,由株洲兵工厂筹备处取名炮兵技术研究处。1941年至1946年6月定名"第10兵工厂",

1946年7月至1948年改为"第50兵工厂忠恕分厂",1949年1月复名第10兵工厂。国民政府时期,该厂隶属军政部兵工署。重庆解放后暂时维持第10兵工厂的原名。1957年,被命名为国营江陵机器厂(简称"江陵机器厂"

①

① 历史沉淀厚重的江陵厂生产车间
② 历史沉淀厚重的江陵厂传统风貌区
③ 历史沉淀厚重的江陵厂洋炮局 1862
④ 历史沉淀厚重的江陵厂烟囱

①

②

或"江陵厂")。在五机部和兵器工业部系统,其代号是152,故也称152厂。

江陵机器厂在解放前的生产规模并不大,军品发展也相当有限。解放后,历经多年的改扩建,后来终于发展成为设备完备、技术力量雄厚的小口径炮弹国家重点综合研发试制生产基地。

江陵机器厂位于重庆市江北区大石坝,占地面积为17774.5亩,它有12个生产车间、8个辅助车间,在距主厂80千米的四川省邻水县坛同,于华蓥山区占地一块为工厂的试验靶场。自1950年以后,轮番生产10个品种小口径炮弹,5个品种引信、2个大口径炮弹,研究试制导弹和多种炮弹引信。

1965年4月23日,五机部副部长朱光、重庆市委书记鲁大东,给江陵厂下达了包建一座新型引信厂的国家计划。当年7月1日,江陵机器厂将57高炮弹引信生产疏迁到了四川省岳池县庆华镇,随即建成了三五四工厂。为这家新生的兵工厂输送干部 465 人、工人 1152 人、设备 793 台、材料 226 吨，受到国家三线建设委员会的通报表扬。

同年 8 月 25 日，五机部下发"（65）五计 2140 号通知"，即《关于一五二厂水雷仪表车间独立为水雷仪表厂的通知》，1966 年 1 月，水雷仪表车间正式分离，江陵机器厂为其输送了 155 名干部、488 名工人、设备 269 台，并划拨土地 500 亩，房屋 28239 平方米，固定资产总值 597 万元。这个水雷仪表厂就是后来著名的重庆前卫仪表厂。

此外，江陵机器厂还援建了一家兵工厂，支援干部 60 名、工人 104 名。由此可见江陵机器厂为国家伟大的三线建设事业做出的贡献是多么的巨大和光荣。

① 改建中的江陵厂生产车间
② 江陵厂生产车间一角
③ 江陵厂生产车间一角
④ 成为历史建筑的江陵厂职工宿舍

③

④

第03节　国营望江机器厂

我与望江机器厂是有些缘分的。

1997 年，我和上海、广东三个"卡友"一起注册了重庆金土地景观设计建设有限公司。当时江北县的五复鱼地区刚划归江北区，交通及经济条件都很差。江北区委区政府在重庆市劳动人民文化宫开了一个招商引资会。我们在全国那一轮邮币卡风云中赚了些钱，就在江北区最边远的五宝镇拿下了两个半生产队的土地，准备绿化长江母亲河。那时行车五宝镇，必过望江机器厂的地盘——铁山坪。

①

一个盛夏的下午，江北区财政局、农业局的领导去五宝镇苗圃检查工作，回来时路过铁山坪林场吃红苕稀饭。饭后我们在卢俊超场长的带领下，去"火烧山"摘了几个梨子。卢场长告诉我们："这片林子是望江机器厂的靶场，他们试炮打燃了，就成了火烧山。我们拿过来则无可用，每年还要倒补好几万进去。"在江北财政局余纯熙老师的倡导下，我们花了些力气拿过来，把它变成了重庆梅园。

从2000年至2020年，整整二十年时间，望江厂几乎没有过问过。现在我们通过承包部分产业有些收益了，望江厂开始开口收费了。现在的望江厂军品任务有些不足，经济效益也不是很好。几轮谈判下来，我们接受了望江厂的基本条件。我们觉得，我们必须、也应该尊重人家——这是一家为国家立下过汗马功劳、有着88年光

① 望江机器厂办公楼
② 望江机器厂生产作业区
③ 望江机器厂大烟囱

①

②

荣历史的老牌军工企业。

望江机器厂的前身系建于1933年的广东第二兵工制造厂，1938年迁至重庆江北区郭家沱，并改名为军政部兵工署第五十工厂。重庆解放后被军事接管，由西南军政委员会工业部领导。1950年5月，该厂属西南工业部工业管理局领导。1951年上半年，工业管理局改名兵工局，6月，改厂名"中央兵工总局第四九七厂"。1957年启用第二厂名：国营望江机器厂。1992年改为"重庆望江机器制造总厂"。老重庆人都称之为"望江厂"。

该厂在国民政府时期生产的军品有：37毫米战车防御炮、60毫米迫击炮、150毫米迫击炮、75毫米无后坐力炮、57毫米无后坐力炮及炮弹，谭伯羽氏密码机等。新中国成立后，该厂先后生产过57毫米无后坐力炮、75毫米无后坐力炮、60迫击炮及炮弹、仿苏1939年式37毫米高射机关炮，14.5毫米四联瞄准具，人工降雨炮和出口军品74SD双37高炮。

2021年夏天，重庆三线两

会去璧山青山厂考察调研时，从望江厂走出来的原西南兵工局党委副书记王兆泉老前辈告诉我们：望江厂的仿制开发能力是很强的。在军民结合的发展过程中，望江厂生产千斤顶、外圆及平面磨床、轧钢机、无缝钢管机、汽轮机、柴油机、颚式破碎机、"长江牌"吉普车、香烟过滤嘴装接机，12马力摩托车发动机、塑料注射机、塑料薄膜复合机、皮革伸展机、锉刀性能试验机等。

"望江机器厂在国内支援大三线的建设是出了大力的。"2021年11月17日，重庆三线两会造访望江厂。1935年8月21日出生的黄继银老前辈告诉我们："望江厂包建了庆江机械厂（五〇一七厂）。支援新厂建设，从1965年到1970年，工厂有数百名领导、管理干部、技术人员和工人调到了江西、湖南、山西、青海和重庆等地区新建三线厂工作。仅1969年

① 望江机器厂专用汽车厂
② 望江机器厂生产作业区
③ 望江机器厂生产作业区
④ 望江机器厂生产作业区

① 望江机器厂便民服务点
② 望江机器厂历史住宅区
③ 望江机器厂历史住宅区
④ 望江机器厂历史住宅区
⑤ 采访黄继银老前辈
⑥ 笔者和黄继银老前辈在一起

到 1970 年调去支援新厂的技术工人就有 673 人。除此之外，我们厂还援建了朝鲜、罗马尼亚、巴基斯坦、叙利亚等国家的相关企业。"

1996 年《重庆市志·国防科技工业卷》第 223 页记载：1965 年起，为重庆地区新建 641 工程、六四三厂等制造非标设备 179 台（套）、工装 320 件（套）、每年承制精铸件 1000 吨、热缠簧 9085 件、杆件调质 30 吨，并给三局所属新厂传授真空压铸，碳素棒电阻熔调新工艺。支援小三线建设方面，为有关动员厂提供图纸、技术资料、进行技术指导；提供样品、解决关键工装 70 种 362 件（套）和军工专用材料。培养技术力量，参加产品鉴定等。

1985 年，望江机器厂完成工业总产值 9921 万元，利润总额 163 万元；全厂职工总数 11575 人，其中工程技术人员 787 人；固定资产原值 14396 万元，净值 8312 万元；机器设备 1584 台，其中金切机床 1491 台，房屋建筑面积 51393 平方米。

第04节 重钢三厂

我是 1973 年开始接触重钢三厂的。

在我童年的记忆中，三件与它有关的事儿可以说是印象深刻：第一件事，三钢厂是我这一生第一次看见的钢铁厂，多高大上的。那个时候，从劳动人民文化宫坐四路电车可以抵达华新街。在嘉陵江大桥上面，就可以看到雄伟壮丽的三钢厂了。第二件事是看电影《侦察兵》，当时在嘉陵电影院看了一场，接着下一场跑到三钢厂俱乐部去看，也是人山人海的。第三件事是跳水台，三钢厂在凹地处修

①

了重庆市第一座跳水台，当时全国的一个比赛就是在那里举办的。

重钢三厂的全称叫作"重庆钢铁公司第三钢铁厂"。它的前身是民国时期的中国兴业公司，1937年由华联钢铁、中国无线电电业公司、华兴矿业组合而成。1938年筹建钢铁厂，1940年至1942年，其炼钢、轧钢相继投产。解放前，中国兴业公司的董事长先后由国民政府行政院副院长孔祥熙、翁文灏担任，傅汝霖、胡子昂先后担任总经理。

解放后，中国兴业公司于1950年成为公私合营企业，是年3月，更名为"西南工业部第一〇四厂"，继而更名为"重庆钢铁公司第三钢铁厂"。至1957年，该厂职工总数达3105人，拥有固定资产1844万元，产钢34527吨。"大跃进"期间，又新建冷装30吨平炉1座，并研制出我国自行设计制造和安

① 沧海桑田的重钢三厂
② 原汁原味的文物级招待所
③ 文物级招待所一角

装的第一台连铸机。

1964 年，国家注入巨额资金，在该厂又新建了 1 台 R6-17W 毫米弧形连续铸钢机。1965 年，冶金部确定重钢三厂为连续铸锭和轧钢新技术试验基地。同时，连续铸钢机、行星轧机，由国家科委和冶金部宣布为全国 5 项科研成果中的两项。中共中央总书记邓小平等中央领导曾到该厂视察。

1976 年前，重钢三厂的钢产量一直徘徊在 7 万吨左右。1978 年后，钢和钢材产量均增加到了 10 万吨以上。主要产品有铁路垫板，小型钢材，冷轧无缝钢管，热轧商品毛管。

1985 年，重钢三厂有职工 6664 人，固定资产 6058 万元；产钢 11.18 万吨，钢材产量 18.2 万吨，硅砖 7886 匹，工业总产值为 11170 万元，利润总额 1344 万元。

"这样一个国有骨干企业，居然被'下岗分流，减人增效'弄破了产，真的让我们寒心。"2021 年 11 月 18 日，我们来到重钢三厂家属区考察调研时，老三钢厂的退休职工如斯告诉我们。他们同时反映，由于退得比较早，现在退休工资大都只有 3000 元多一点，日子不太好过。

① 原汁原味的招待所环境   ③ 充满厚重美的职工宿舍
② 充满厚重美的职工宿舍   ④ 充满厚重美的职工宿舍

②

③

④

第05节 重庆通用机器厂

重庆通用机器厂系原一机部骨干专业厂家，定点生产制冷及空调设备、风机及军工改装车等多种产品。

其前身系顺昌股份有限公司铁工厂，始建于1925年。1937年从上海内迁重庆，建厂于江北猫儿石，定名为顺昌

公司重庆铁工厂。1938年正式复工。解放前夕，仅有职工41人，固定资产8.95万元。

1950年，该厂开始复工。1952年实行公私合营，改称"西南工业部二〇二工厂"。1953年并入荣兴机器厂和上海机

①

器厂铸工车间，改名"重庆通用机械厂"，收归一机部直接领导。1958年，下放重庆市第一工业局领导；同年8月，经国家批准，投资2440万元，在玉带山建设新址。1962年迁离猫儿石。1978年，该厂建成负责行业归口管理的制冷机研究所。

在"一五"期间，该厂承担了西南地区通用设备制造的主要任务，先后生产叶氏、罗茨式离心式、轴流式风机，计20多个品种、1275台，同时还生产抽油机、制糖机、造纸机等机械设备，对冶金、煤炭、石油、轻工等行业发

① 重庆通用机器厂新址大门
② 深厚的历史沉淀——玉带山烟囱
③ 深厚的历史沉淀——文物挂牌
④ 深厚的历史沉淀——玉带山遗址

①

②

展起到了积极作用。

"二五"期间，该厂品种更加齐全，成了全国五大鼓风机制造厂之一。其生产的9大类风机、21个系列124个品种规格12382台，空气锤32台，完成工业总产值为"一五"期间的4倍。1960年该厂着手研究设计离心制冷机。全国三线建设开展之后，该厂与西安交大联合设计出FTL120-II型离心制冷机，1966年试制完成并获得四川省科技成果奖。

"三五"期间，该厂共生产了风机1.65万台。其中高温风机100多台，各型制冷机29台。从1971年开始，该厂生产重点转向离心制冷机组。1972年至1977年，完成了国家投资1069万元的扩建改造方案，使生产能力得到进一步提高。1977、1978年，该厂新设计试制出TQ318-78/52.6长输管线压缩等离心制冷机5种，透平鼓风机7种，军工改装车3种，高温、节能风机2种，完成了国防331工程、718工程、09工程，北京石化总厂引进项目和贵州都匀化工厂专项工程等配套任务。

　　1988年，该厂有职工3238人，其中高级工程师33人，工程师97人，固定资产原值4505.37万元，主要生产设备558台，其中金切机床257台，占地面积303104平方米，其中生产建筑面积68876平方米；全年完成工业总产值3964.03万元，实现利润529.5万元。生产能力达到了年产制冷机150台，风机3600台，军用改装车110辆的生产能力。

① 重庆通用机器厂玉带山医院
② 重庆通用机器厂家属区遗址
③ 搬迁后的通用厂大门
④ 搬迁后的通用厂办公楼

第06节　长航东风船厂

①

长航东风船厂的全称是"长江轮船总公司东风船厂"，它系国家交通部所属专业化骨干企业，以造船、修船、修柴油机及制造柴油机配件为主要产品，同时也是全国机械工业的重点企业。

该厂前身是民族资本家卢作孚于1928年创办的民生实业股份有限公司所属的民生机器厂。1952年公私合营，1956年直属国家交通部管理。

1928年初创时，民生机器厂只负责承担民生公司船舶的简单维护及修理，到抗战前夕才初具修造船的规模。1935年，改修了瑞典造的二冲程柴油机的轮船，开始了在川江航运修理外轮、外机的历史。

1939年，该厂自行设计建造了第一艘1000马力的钢质船舶"民文"轮，继而建造10多艘。1940年，开始设计制造船用蒸汽机的缸盖、缸套、活塞、曲轴、车叶等配件，从而停用了进口件。1942年，设计制造了船用高压、水管锅炉，并小批量生产，从而取代了进口锅炉。同年，该厂设计建造了两台300匹马力三联式蒸汽机，继而设计建造了1000马力蒸汽机。

解放后，50年代，该厂得到迅速发展，由建造小型船舶发展到了建造中型船舶。设计建造了150马力至2000马力的拖轮，450吨的内河第一艘浮坞及1000吨驳船、趸船、起重船和挖泥船；设计建造了200马力至1200马力的蒸汽机及船舶副机；试制生产了高难度的美制GM、FM系列柴油机配件，受到交通部的嘉奖。

全国性的三线建设开展之后，交通部进一步加大了对东风船厂的技改力度和资金投入，从而形成了修船、造船、造机、备件、炼钢等五大产区。设计建造了当时国内内河最大的1200吨和1500吨浮坞，大大提高了自身的造船能力，且能一举承修长江上的各类船舶。

三线建设期间，东风船厂设计制造的产品有国内最大的180吨岸吊和180吨浮吊配套港口起吊设备，解决了8E350、6E350两个系列中速柴油机制造吊装的难题，并为之设立了专门的生产车间。这为建造川江油运的800吨专用油轮、船行川江的119大型客货轮和川

① 长航东风船厂大门标识
② 长航东风船厂龙门架
③ 长航东风船厂生产车间

第一章 重庆市江北区企事业单位

① 长航东风船厂传统
  家属区
② 长航东风船厂抗战
  遗存
③ 长航东风船厂医院
④ 长航东风船厂传统
  家属区
⑤ 长航东风船厂传统
  家属区
⑥ 深厚的历史沉淀

江最大的 4000 马力拖轮扫除了障碍。

　　长航东风船厂还为黄金公司建造了 100、250 立升的大型采金船，为西藏高原设计建造了第一批钢质船舶，为新建的民生公司设计建造了一批 1200 马力拖轮和 750 吨、800 吨驳船及各类工程船。1983 年，该厂引进了挪威乌工泰因公司的齿轮箱式调距螺旋桨和推进器；1985 年，引进了瑞士苏尔寿公司 AT25、AT20 两系列柴油机制造技术。

　　1987 年末，该厂拥有职工 4234 人，其中工程技术人员 232 人，固定资产原值 6983 万元，占地面积 55 万平方米，生产建面为 26 万平方米。该厂拥有主要生产设备 1200 多台，并有了各种先进的检测手段。1987 年，长航东风船厂完成工业总产值 3000 万元，实现利润 139 万元。

第07节　四川省重庆船厂

　　四川省重庆船厂，原系建业机器制造厂，1943年被国民政府军政部收购，更名为"军政部船舶修理厂"，1945年又更名为"后方联合勤务总司令部船舶修理厂"。1949年与汉阳船厂合并，改名"国防部运输署第一船舶修理所"。

　　解放后由西南军事管理委员会接管，厂名更改为"重庆军管会船舶工厂"。

　　此后该厂隶属关系几经变迁，1981年，最后定名为四川省重庆船厂。

①

原来只能修船的工厂，从1953年起开始造船，先后建造出200马力渡船，500马力客轮和600马力拖轮，并试制成功川江上第一艘"川疏号"和"川控号"工作船。

三线建设开始后，为扩大川江运输能力，国家对该厂投资进行技术改造，开始鸟枪换大炮，建造了1000吨的船用铁驳和1200马力拖轮，并试制成功军用浮船坞两艘。1979年创造了建厂以来最高水平：修船22艘，造船8艘，工业总产值达到了1080万元。

1983年，四川重庆船厂试制出侧壁式气垫船。1984年，成功研发了300升采金船。

② ②

③

① 四川省重庆船厂遗址
② 四川省重庆船厂遗址
③ 四川省重庆船厂遗址

第08节　重庆客车总厂

　　重庆客车总厂是国家环保部在西南地区定点生产电动汽车的高科技企业。这个厂的历史非常悠久：1938年，重庆市公共汽车公司设车辆保修厂于市中区的曾家岩。1939年，迁到沙坪坝高滩岩，成立公共汽车修理厂。1941年实行"官办军管"，随后沙坪坝的汽车保养场并入修理厂，命名为"公共汽车总厂"。解放后，因公共事业发展的需要，该厂迅速恢复生产，于1950年11月发展到有正式职工211人。

1951年，装配出"解放号"客车，第二年改长头客车为短头客车。1957年，开始用解放卡车改装客车。1963年，将木质车身改为金属车身，并推出了CQ641型客车。不久后又推出了经过改进的CQ642。

值得一提的是，从第一辆金属客车开始，该厂生产的汽车上悬挂起了"重庆牌"商标。

全国性的三线建设展开之后，该厂更名为"重庆市公共交通公司汽车修理厂"，并于1972年迁入江北区洋河村。1979年7月1日，重庆市公交公司所属制配厂、翻胎厂、装配厂并入该厂后，且从公交公司独立出来，组建了重庆市客车总厂，其主要任务也从修配业改为制造业——生产新客厂，持续推出了多款新产品，包括CQ644、CQ465豪华型旅游客车，以及用罗曼卡车改装生产的CQ680型铰接式大客车等。

资料显示，1985年时，重

① 重庆客车总厂原址
② 重庆客车总厂新址办公楼
③ 重庆客车总厂新厂区

庆市客车总厂年产各类客车 800 多辆，销往全国 26 个省市自治区，其产品也延伸至城市公共汽车、无轨电车、机关团体车、旅行游览车、小客车、客货两用车等十多个品种。据统计，1985 年，重庆客车总厂有职工 1632 人，固定资产原值 1111.06 万元，主要设备 289 台，工业总产值 3203.01 万元，利润 789.37 万元。

① 重庆客车总厂新厂区环境
② 重庆客车总厂生产区
③ 重庆客车总厂生产区

第09节 重庆冷冻机厂

重庆冷冻机厂的前身是重庆和记幸福公司青鸟冰糕厂修理服务部，始建于 1951 年，隶属于西南军区后勤卫生部。1958 年扩张后，更名为"重庆冷冻机械厂"，次年更名为"重庆冷冻机厂"。其主要产品是2AL15型活塞式氨制冷压缩机。全国三线建设展开后，该厂被原一机部定点为生产活塞式制冷设备的专业化生产企业，且为国防建设进行过配套。

重庆冷冻机厂原址

①

②

得益于三线建设的政策支持，该厂的产品品种、产量不断得到提高。1978年，该厂的空调综合系统研发，获全国技学大会奖；氨制冷压缩机油耗量降低研究，获1979年四川省科学技术奖；到1983年，年产量已达539台，工业总产值617万元。其产品计有125系列、100系列、50系列、40系列氨氟制冷压缩机，压缩冷凝机组及与之配套的各类空调，冷冻、冷藏设备，计有28个规格、101个品种。

1985年，该厂从美国OAK公司引进制冷换热器生产线，新开发了CLSJ·LSJ系列船用、陆用空调冷冻机组，不久LSF冷式冷冻机组相继投放市场。

1987年末，该厂拥有职工735人，占地面积11万平方米，固定资产原值1036万元，生产总值1253万元，实现利润162万元。

"这家厂是被通用厂合并了，还是破了产，我们不清楚。反正它原来的生产区现在被申伟房产公司开发了，原来的家属区现在变成了重庆市中医院。"2021年12月1日，重庆三线两会前往重庆冷冻机厂考察时，附近的老百姓如斯告诉我们。

① 重庆冷冻机厂遗址
② 重庆冷冻机厂遗址
③ 重庆冷冻机厂遗址
④ 重庆冷冻机厂遗址

第10节　重庆电线厂

　　重庆电线厂是 1952 年由 38 家私营企业、手工作坊和店铺组建发展起来的。1956 年公私合营后，历经多次分分合合，于 1958 年被命名为"重庆电器厂"。1959 年更名为"重庆电线厂"。1963 年一度与永安电瓷厂合并，1964 年又分开经营。

　　经过三线建设的多次改扩建，重庆电线厂逐渐发展成了电线电缆的综合性生产厂家，是全国五大型线定点生产厂家之一。1978 年之后，该厂的生产发展更快，电线产品

①

有裸电线、电磁线和电器装配用电线3大类，13个小类、23个系列、61个品种、6515个规格。

2021年11月23日，我们来到重庆电线厂原址，采访了今年88岁的周素兰老人。回忆起三线建设那段历史，周素兰老人告诉我们，她虽然在二车间工作，但被调出来打了8年的"防空洞"。"1979年12月我退休时工资是37.33元，现在刚好2900元。"周素兰老人如斯告诉我们。

① 重庆电线厂深厚的历史沉淀
② 重庆电线厂深厚的历史沉淀

① 重庆电线厂办公楼遗址
② 重庆电线厂深厚的历史沉淀
③ 重庆电线厂家属区

第11节 重庆电瓷厂

1931年，民族资本家董志卿在上海创办了永安水电工程行。1938年，改名"三友水泥砖瓦厂"。1939年11月11日，集资10万元国币，正式成立永安电器厂股份公司。

抗日战争期间，冯玉祥将军莅厂书赠有"永安电器厂"手迹。次年，该厂内迁重庆市江北石门。主要仿制低压产品，试产少量低压电瓷。

重庆电瓷厂遗址

①

②

① 重庆电瓷厂家属区
② 重庆电瓷厂办公楼
③ 重庆电瓷厂一角

解放后，通过公私合营，永明机器厂、三友电机厂、中国电机化工社并入永安电器厂，形成电瓷、金工、电镀3大产品系列。1956年更名为"公私合营永安电瓷厂"，翌年变更为全民所有制企业。

三线建设展开之后，1966年，该厂定名为"重庆电瓷厂"。经过三次技术改造和扩建，该厂生产能力得以大幅度提升。主要产品有高压电瓷、碳化硅普阀式避雷器、高压熔断器、高压隔启开关、低压电瓷等。

1950年至1988年，该厂累计完成工业总产值7922万元，利税总额658.61万元，生产高压电瓷14529.1吨、低压电瓷14011.32吨、避雷器39150支、高压熔断器190472台、高压隔离开关40191台。

1988年底，该厂拥有职工827人，其中工程技术人员55人，固定资产原值516.28万元，工厂占地面积4.3万平方米，建筑面积2.67万平方米，全年完成工业总产值595.13万元，利润5.37万元。

③

第12节　重庆化工机械厂

在我任重庆制药机械厂销售科长期间，和重庆化工机械厂打的交道比较多，因为它是我们的一个重要配套企业，我们生产的搪玻璃和不锈钢反应釜，都需要他们厂的减速机来配套。

重庆化工机械厂的前身是重庆红旗机械厂，1958年8月由重庆建民机器厂与望江机器厂毛溪分厂（214技校）合并组成。1963年，重庆模具厂部分并入，随即更名为"重庆红旗化工机械厂"。

① 重庆化工机械厂原
　厂区遗址
② 重庆化工机械厂生
　产车间遗址
③ 重庆化工机械厂车
　间办公室遗址
④ 重庆化工机械厂生
　产区

重庆化工机械厂原生产车间遗址

　　据沈阳党史办传过来的信息，三线建设时，沈阳塑料橡胶机械厂部分迁到了重庆红旗化工机械厂。我委托我的老前辈、该厂副总工程师、今年74岁的陈敖齐老师多方打听，至今这个说法的依据不足。1978年，重庆红旗化工机械厂更名为"重庆化工机械厂"。

　　建厂初期，该厂生产能力只有150吨；三线建设开始后其产能提高到了500吨。随后，该厂向涂料机械、包装机械、传动机械等多元化发展。陈敖齐老师告诉我：涂料机械是重庆化工机械厂的重头戏，其产品已扩展应用到油漆、染料、皮革、化工、造纸、油墨、农药、颜料、磁录、感光、化学试剂和合成医药等多个行业。

　　该厂1978年开始研制包装机械，至1985年已能生产B1-40型全自动和BZJ-940型半自动两种包装机型号。1985年该厂共有职工1859人，固定资产原值1332.2万元，工业总产值2087.8万元，利润总额为327.2万元。

第13节　重庆江北风机厂

重庆江北风机厂于1973年9月28日，经重庆市江北区革委会批准，由重庆市江北石门街道的冷作、冷冻配件、螺丝、通用等4个工业小组合并成立。组建之后，该厂生产设备非常简陋，生产场地仅有850平方米，且技术力量十分薄弱。

1973年，它们仅能生产T30KI-II型4A-7A轴流通

正在开发中的江北风机厂原址

①

②

风机，BT30KI-II 型、4A-7A 防爆轴流通风机，4-72-II 型，3.2A-6A 离心通风机，YL30KI-II 型 7A 移动式轴流冷风机共 828 台，产值 80 万元，利润仅 3 万元。随后，国家为该厂投入资金，新建厂房，购置设备，解决了关键性的风机生产所需设备，并建起了风机性能试验台、超转速试验台、计量理化室等。该厂的技术改造，促进了该厂生产的迅速发展。1985 年试制生产了 9-19 型高压离心通气机 4A、4.5A、6.3A 等 3 个系列，共 17 个规格的风机系列产品，并在重庆及西南地区产生了一定的影响力。

从 1973 年至 1988 年的 16 年时间里，该厂累计完成工业总产值 3211.44 万元，实现利税 554.11 万元，生产各型风机 55147 台，时有职工 328 人，占地面积 7710 平方米。且已形成了 4-72 型、YS-47 型、9-19 型、9-26 型、T35 型、BT35 型 等 17 个型号、119 个规格的离心和轴流风机的生产能力。

再后来，该厂划归了重庆通用机械工业公司领导，原厂遗址已全部拆迁完毕。

① 开发中的江北风机厂原址
② 开发中的江北风机厂原址
③ 开发中的江北风机厂原址
④ 开发中的江北风机厂原址

第14节 重庆锻压机床厂

　　重庆锻压机床厂始建于 1954 年，其前身是地方国营陵江机器制造厂，先后生产过五金工具、6 尺车床、鼓风机、洗衣机、35 吨压力机等 10 多种产品。三线建设开始后的 1965 年才开始专业生产机械压力机，改名为"重庆机器配件厂"；1982 年归口重庆市机床工业公司领导，正式更名为"重庆锻压机床厂"。

　　1965 年专业生产机械压力机以后，该厂先后开发了 7 种新产品，其中，JC23-16 型开放式可倾压力机，荣获"重

①

②

③

④

庆市优质产品"称号；QD30-6C 型多功能冲剪机，曾获重庆市新产品"百花奖"。JA/21-63 型开放式压力机，经相关部门鉴定，其结构性能在国内同类产品中处于领先地位。该厂产品畅销于全国各省市，还出口到了东南亚各国和地区。

该厂在国内外用户中享有较高信誉，曾被评为"重庆市机械工业出口创汇先进集体"。1988 年，该厂拥有职工

486 人，其中各类专业技术人员 44 人，固定资产原值 280万元，主要生产设备 120 台，占地面积 2 万平方米，全年完成工业生产总值 250 万元，实现利润总额 33 万元，生产各类锻压机床 419 台。

① 重庆锻压机床厂原址已经被江北嘴完全开发了
② 重庆锻压机床厂原址已经被江北嘴完全开发了
③ 重庆锻压机床厂原址已经被江北嘴完全开发了
④ 重庆锻压机床厂原址已经被江北嘴完全开发了

第15节　重庆第三轴承厂

　　重庆第三轴承厂创建于1958年，前身是由几家手工业生产合作社合并而成的重庆市剪刀生产合作社。1973年更名为"重庆江北轴承厂"，1981年又与重庆江北工农机械厂合并，组成重庆第三轴承厂，专业生产工业轴承。

　　1982年，在重庆市经济体制改革中，归口重庆轴承总厂，隶属于重庆市机械工业管理局。

　　建厂初期，重庆江北轴承厂主要生产工业用剪具，1970年开始试制工业轴承。1972年生产"8"类轴承51125套，

①

填补了重庆市"8"类轴承产品的空白。从 1974 年开始，其轴承产品正式纳入国家计划，当年生产的"8"类和"6"类轴承 12 个规格，产量达到了 14 万套，同时与重庆柴油机厂、兰州柴油机厂建立了长期定点协作配套关系。

从 1979 年开始，该厂的轴承产品从特轻系列向轻型系列发展，并着手试制中型系列产品。至 1988 年，该厂已能生产"0""6""8""9"等 4 个类型的工业轴承 85.6 万套，且形成了年产 120 万套的生产能力。

1988 年，该厂拥有职工 487 人，有固定生产原值 223.3 万元，主要设备 128 台，全厂占地面积 5515 平方米，建面 6391 平方米，全年完成工业总产值 300.6 万元，销售收入 424.8 万元，实现利润 30.1 万元。

① 重庆第三轴承厂原址
② 重庆第三轴承厂原址
③ 重庆第三轴承厂原址

第16节　重庆漆包线厂

　　曾经困扰了我十年的一个难题，居然跟重庆漆包线厂有关。

　　我的父亲是抗美援朝战场长津湖战役立了二等功的军人，由组织上保送读大学，然后被分配到了缺医少药的营

山县，逐渐成了当地的"一把手术刀"。

　　父亲性格开朗，烟、酒、茶样样精通，结识了当地不少朋友，其中一位叫唐文贵，曾经当过海员。在我读小学的5年时间里，这位唐叔叔一有空就教我照相、冲胶卷、

②

印扩相片。在我的童心里，照相机及摄影器材占据了相当重要的位置。当时我就产生了一个强烈的愿望：今后我若找了钱，一定要买1000个品种的照相机，并办一家古典照相机收藏博物馆。

1997年，我从国企"下海"自主创业，经过十余年的打拼，手里终于有了一点儿钱。于是，我开始游历世界，走了150个国家和地区，收集了几十个国家包括中国在内的1000个品种、规格的照相机，最后在重庆市两江新区民国风情街创办了一家免费开放的古典照相机收藏博物馆。

为了收集照相机，我经常"流窜"于各地的二手市场、跳蚤市场和藏品市场。十年前的一个周末，我同王强弟一起，去到位于重庆市渝中区的大元收藏品市场——这是当时西南地区最大的藏品集散地，买到了一台"玫瑰801"120照相机。卖者告诉我们：它是重庆一家企业的试制品。但究竟是哪家厂试制的？什么时候试制的？试制了多少台？对方一概不知。

这个问题从此折腾了我整整十年，我访遍了重庆曾经生产过照相机的长江电工厂、宁江机械厂，以及华蓥山北

① 被开发了的工厂原址
② 被开发了的工厂原址

053

第一章　重庆市江北区企事业单位

①

线生产过"珠江牌""华蓥牌相机"的所有生产和经销照相机的单位，都没能解开这个谜题。

照相机是集机械（传动）、光学、材料科学为一体的精密机械。重庆这台"玫瑰801"120照相机的出处，也只能从重庆市机械、光学且与重庆军工配套的厂矿企业中大海捞针。

2020年"新冠"疫情暴发之前，我每年三分之一的时间都在国内外"游山玩水"；疫情暴发之后，结合自己大学中文的底子和摄影之业余爱好，我开始了中国现代史学中三线史的研究。从2020年五一劳动节到现在为止，带领我的团队跑了500多家三线建设单位，访问了上千名的

从业工人，功夫不负有心人，终于找到了这台"玫瑰801"120照相机的出处——原来给长安机器厂和建设机床厂配套的重庆五金厂。

重庆五金厂始建于1959年底，由原江北区高级建筑五金厂及陵江机器厂、友联厂、重庆玻璃厂的部分技术工人合并新建而成，原名"国营重庆高级五金厂"，地址就在现今已经开发了的江北大湾。1965年，更名为"重庆五金厂"。随后调整产品结构，生产漆包线，1985年更名为"重庆漆包线厂"。

建厂初期，重庆五金厂生产车刀、铣刀、钻头、量具等五金工具，年产18万件，主要供外贸出口。三线建设

开展之后,重庆市相关领导机关批准该厂发展"军协产品",并与重庆"七大军工厂"中的长安机器厂、建设机床厂配套。投入国家三线建设资金进行技改和扩能后,该厂的产品品种由43种扩大到近300个品种,其中"军协品种"265个。

在"军协产品"的生产过程中,重庆五金厂得到了重庆国防工办、长安机器厂和建设机床厂的大力支持。这两个军工厂为该厂培训了技术骨干,提供了生产设备,使之提高了质量和工效,保证了军工产品配套任务的顺利完成。"1979年,按照计划经济为主、市场调节为辅的方针,在积极完成计划产品后,安排技术人员和工人,组织了钢门窗的生产。与此同时,还抽出力量陆续研制开拓新产品。主要有玉米脱粒机、'玫瑰牌'801型120照相机……"这段文字表述,出自重庆市机械工业管理局《机械工业志》编辑室编辑的《重庆市机械工业概况》第201页。

1980年,随着国家对三线建设事业的调整,重庆所有军工企业都开始了第二次创业——"军转民"。重庆五金厂所开发的新产品终因原辅材料、资金和市场等因素的影响,难以形成批量生产。1985年,经重庆市机械工业管理局的批准,重庆五金厂开始转产漆包线。在上海电缆研究所、天津漆包线厂的大力支持下,该厂转产成功。

1988年,重庆漆包线厂拥有职工320人,固定资产原值250万元,全年完成工业生产总值336.8万元,利润81.7万元。

① 被开发了的工厂原址
② 该厂试制的"玫瑰801"120照相机
③ 重庆漆包线厂被编入《重庆市机械工业概况》

第17节　重庆无线电三厂

作为孩提时的文娱生活，最"高大上"的有两个：一是在外面看露天电影，二是在家里听"红灯牌"收音机。在1975年之前，整个市三院没有一台电视机。我们家隔壁陶妈家的老三，是个年轻的小石匠，顶替陶妈在重钢上班，我们叫他"陶三哥"。陶三哥虽然只有初中文化，但喜欢下象棋、看鲁迅的书和摆弄无线电，我经常陪他去两路口的重庆市图书馆借这三类书籍。

1975年末的时候，陶三哥非常忙碌了。他先是借了

很多电视机方面的书回来，反反复复地研究，接着倾其所有，千方百计买了一台九英寸的黑白显像管和各种电器元配件回来，对照线路图今天装明天拆，搞了好几个月，最后终于大功告成。接下来就是我们一大群崽儿夜不归家，到他家看《加里森敢死队》《聪明的一休》和《排球女将》去了。陶妈的家，那是里三层外三层被围了个水泄不通的。

陶妈家有了电视机之后，我的父亲千方百计地在我们大院里第一个买回来一台黑白电视机——重庆无线电三厂生产的"红岩牌"14英寸的黑白电视机。

也就是从那个时候，我知道了"重庆无线电三厂"这个企业的名字。2021年11月2日，我们去观音桥电测村寻找重庆检测仪表厂时，一不小心知道了正在拆迁中的重庆无线

① 重庆市第一个电视机生产基地
② 重庆市第一个电视机生产基地

电三厂。

重庆无线电三厂的起步点很低。1956年3月，由13家个体户组成了电讯供销生产小组，时有38人，主要从事修理业务。1958年3月，组成重庆电讯生产合作社，不久转为地方国营，更名为"重庆小型变压器厂"。1962年起，主要生产收音机、扩音机、电话会议终端机。三线建设开展后，在国家政策的支持下，该厂于1966年元月起步，开发电子产品。1967年，企业正式定名为"重庆无线电三厂"。

该厂1970年开始试制电视机，1977年迁入江北区，1978年有职工337人，电视机产量为1379台。1978年之后，该厂引进设备，建成日产2万台黑白电视机生产线，1981年成为国家定点生产电视机的专业厂家。1974—1983年，累计生产电视机219232台，产品曾获得四川省和全国质量奖。

1984年，该厂从日本引进年产20万台彩电生产线和8种检测仪器及专用工具2万台

（套），并进行了8项新产品研制。1985年，该厂的彩电已形成批量生产的能力，"红岩牌"彩电三条生产线生产能力达到了年产35万～40万台。1985年，该厂有职工1267人，固定资产原值2648.5万元，工业总产值2648.5万元，销售总额4896.2万元，利润总额595.5万元。

重庆市直辖后，重庆无线电三厂被改组为重庆华蜀光电集团公司，在市场经济的浪潮中最后被康佳彩电兼并。

① 拆迁中的无线电三厂
② 拆迁中的无线电三厂
③ 拆迁中的无线电三厂
④ 拆迁中的无线电三厂

第18节 重庆石油仪表厂

　　我查阅了大量的资料，有两个理由确定重庆石油仪表厂是一家三线企业：其一，按四川省党史研究室的界定，1964年至1980年新建的大中型企业是三线企业，重庆石油仪表厂为中二型企业；其二，三线建设开始后，石油部在四川地区组织了规模超前的全国石油大会战，重庆石油仪表厂正是在这样一个大背景下建设起来的。但这家厂在江北区哪里呢？我们在两个多月的时间里，一直没有找到它的痕迹。

①

① 重庆石油仪表厂老厂办公楼
② 重庆石油仪表厂现今的厂大门
③ 重庆石油仪表厂家属区
④ 沉淀厚重的历史——重庆石油仪表厂老厂房

①

②

我的专职驾驶员李桂斌是冉家坝人，他记得在冉家坝有一家仪器厂，但事隔多年，实在是记不清具体位置了。过了很长一段时间，一天早晨，他很高兴地对我说，石油仪器厂被他太太找到了，原来它就在重庆市江北区现在公安局的大院后面：四周全部是大楼大厦，它几乎被"围了城"，所以一般的老江北也找它不到了。

2021年12月1日一大早，我们就驱车来到了重庆石油仪器厂，发现它的规模几乎比想象中的样子缩小了将近一半。原来的厂大门也已破破烂烂，原来的办公楼做成了一家失聪老人疗养院，但再往里面的小区则一点没有变，还是那样的安静，甚至有些优雅。该厂的退休老同志得知了我们的来意后告诉我们，原来的重庆石油仪器厂职工最多时有七八百人，现在只有一二百人了。

按照退休老同志指的路，我们先是来到了原来重庆石油仪器厂的大操场，有一二千平方米，现在租给人家做了驾校，且被围了起来。然后从厂后门进去，发现现在的重庆石油仪器厂被分成了三大块：一块是新的办公楼，在大门口的右侧，有 2000 多平方米，修得多漂亮的；第二块是新的加工厂，房子也全都是新修建和翻新的，几栋厂房虽然谈不上热火朝天，但还是井然有序；第三块地就是其三线时期的老建筑了，大都租了出去。

重庆石油仪器厂的全称是"四川石油管理局重庆仪器厂"，原系四川石油管理局所属的重庆石油学校于 1966 年设立的仪表修配厂，1975 年从重庆石油学校分离出来，在石马河独立建厂，于 1978 年投产。该厂主产测井和钻井仪，并自行设计制造了模拟油井的高温 200℃、高压 C200MBA 试验装置。同时，

① 重庆石油仪表厂老厂区
② 重庆石油仪表厂老厂区
③ 重庆石油仪表厂新厂区
④ 重庆石油仪表厂新厂区

还采用高压静电喷塑等新技术，使产品质量得到不断提高。

重庆石油仪器厂已具有年产测井仪、钻井仪 70 个品种、2700 台套的生产能力。1985 年，其工业总产值 711 万元，利润总额为 192.8 万元。

① 重庆石油仪表厂家属区
② 重庆石油仪表厂家属区

第19节 天原化工厂

在我任重庆制药机械厂销售科长时，重庆制药机械厂生产的化学搪玻璃反应罐相当的紧俏。一天，天原化工厂的设备厂长和设备科长来找我，邀请我到他们厂看一看，要求紧急订一批搪玻璃反应罐及化工非标准设备。化工非标准设备，我们铆焊车间有个铆三班，加加班，解决问题不大；但是搪玻璃反应罐的生产有一个漫长的过程，该如何处理呢？

我安排副科长林维忠把非标准设备先行处理后，叫来了我的老部下唐代林，叫他把所有乡镇化工厂、净水剂厂的供货时间往后压一压；又找到烧成车间的负责人田永贵，要求车间加班，突击一下天原化工厂这个项目。言而总之，通过努力，天原化工厂这个项目按照需方的要求，我们如期完成了任务，最后天原化工厂还赠送了我厂一面锦旗。

虽然完成了天原化工厂的这个项目，但我一直没有抽出时间去这个厂走一走、看一看。2021年夏天，重庆三线两会第二次考察调研涪陵的816工程时，抽出时间去了816工程的烈士墓。在从烈士墓回来途中，我猛然发现已经搬到涪陵的天原化工厂，于是我决定前往探望它一下——虽很现代化，但已经没有当年三线建设及调整时期那个时代的味道了。

重庆天原化工厂

开始系统考察调研江北区的三线建设企业时，2021 年 11 月 26 日一大早，我们驱车到了江北区猫儿石的原天原化工总厂。我原来以为，该厂已经搬迁去涪陵了，留下来的遗迹应该不会很多，最多有点儿家属区不得了。到了现场却让我大吃一惊：整个天原厂几乎还比较完整地保存在了原址，什么办公大楼、销售大楼、俱乐部、停车场、职工宿舍，都还未动，不过拆迁的标签都已经全部贴了上去。

天原化工厂的前身是民族资本家吴蕴初于 1929 年在上海首创的天原电化厂，1938 年迁入重庆江北猫儿石，1940 年投产，年产烧碱 2 吨，漂白粉 5 吨。1943 年，国民政府收购其股票 47%，这使得天原厂成了民族资

① 重庆天原化工厂老厂办公楼
② 重庆天原化工厂老厂挂牌
③ 重庆天原化工厂老厂综合楼
④ 重庆天原化工厂老职工宿舍
⑤ 重庆天原化工厂老职工食堂
⑥ 重庆天原化工厂涪陵新厂区

本和官僚资本的合资企业。解放后，于1959年更名为"公私合营天原化工厂"。

三线建设之后，经过四次技改扩能，至1985年，天原厂共有职工2675人，固定资产3635.6万元，年烧碱产量达到了42390吨，实现工业产值3765.51万元。实现利税1067.43万元。该厂主要产品有盐酸、漂液、味精、三氯化铁、液氯、多晶硅、四氯化碳、人造金红石、钴黄等，一不小心成了重庆化工行业的一个标杆性企业。

2005年，随着重庆市城市建设的发展，重庆天原化工总厂根据重庆市人民政府的总体要求搬出主城区，并由新组建的重庆天原化工有限公司实施环保搬迁至重庆市涪陵区白涛化工园区。现隶属于重庆化医控股（集团）公司的国有全资企业，是重庆市获得10家国家级绿色工厂之一。

① 迁往涪陵的天原化工厂生产区
② 迁往涪陵的天原化工厂家属区

第20节　重庆嘉陵化工厂

粉碎"四人帮"之前，栽花养鱼养鸟都是"封资修"的东西，一样都不准。1976年之后，"文革"中的那些清规戒律开始松动了，我们饭也吃得饱了，金鱼也可以养了。但那必定是个物资匮乏的年代，就养金鱼而言，吃什么呢？

它吃沙虫，我们去珊瑚坝捞；它生病了怎么办呢？我们就放一点高锰酸钾进去，满缸子就变成紫红色，没过几天，生病的金鱼就又自由自在地游动了。那个时候我们就知道，高锰酸钾是江北区的重庆嘉陵化工厂生产的。

更名为了重庆昌元化工集团有限公司

① 董家溪"嘉化区"
② 别致的巷道
③ 嘉化区外墙
④ 嘉化区老住宅
⑤ 嘉化区职工做好的
　 年货

从 2021 年 12 月开始整理重庆市江北区的三线企业资料，46 家企事业单位，最难弄的就是找不到重庆嘉陵化工厂的地址。朋友曾健告诉我，他有一个叫江春葆的朋友，退休前是江北区档案局的局长。我打电话过去，江局长告诉我，原来的嘉化厂已经搬到荣昌去了，改名叫昌元化工有限公司，原地址已被房地产开发了，但它的家属区还在，地点就在江北区的董家溪。它特点只有一个：四周都被开发了，唯一没有开发、且没有电梯的小区就是"嘉化区"。2021 年 12 月 3 日，按江春葆的指引，我们终于找到了嘉化区。这是唯一残存着嘉化厂三线建设遗存的地方了。

重庆嘉陵化工厂系 1956 年由平福化工药品厂、庚午化学工业社和协鑫行 3 家私营企业合并而成。初名叫作"公私合营和平化工厂"，随后才更名叫作"重庆嘉陵化工厂"，并改制为全民所有制企业。

在董家溪嘉化区，我们找到了两位原嘉化厂的退休职工，

①

一位叫王少忠，今年76岁，他原在高锰酸钾车间工作；另一位叫熊昌渝，他55岁从改制后的昌元化工厂退休。他俩告诉我们：三线建设开展之后，国家对嘉化厂多次投资进行技术改造，除了传统的高锰酸钾、氢氧化钾、氯乙酸扩大产能之外，还开发新产品，过硫酸钾、氯乙酸甲酯、电解法双氧水、尼龙1010、过棚酸钠、磷酸二氢钾、二氯乙酸甲酯、过氧乙酸等，这些产品都是供不应求。

提起质量居于国际先进水平的高锰酸钾，两位老人那是特别激动。他们告诉我：1953年，嘉化厂开始试制高锰酸钾，1957年才建起了高锰酸钾车间，三线建设前其产量只有300吨。国家为了对抗可能发生的生物战，扩大产能至1000吨，且进行了机械化密闭系统操作，至1985年，其年产量达到了1316吨，在全国同行中得到了总分第一的成绩。

"三线建设的技改和扩能，使我们厂的氢氧化钾年产量达到了5000吨，过氧化氢1500

吨，氯乙酸 3000 吨，氯乙酸甲酯和二氧乙酸甲酯 300 吨及副产品盐酸 6000 吨。1985 年我们厂有职工 736 人，固定资产原值 952.93 万元，产值 1603.33 万元，创利税 275.5 万元。这些数据领导作年终工作总结报告时在台上念，我们用工作笔记本在下面使劲地记。"谈到自己的企业，他们都充满了深厚的无产阶级革命感情。

1997 年 6 月，重庆嘉陵化工厂改制，成立重庆嘉陵化学制品有限公司。2003 年，该公司从重庆市主城区整体搬迁到重庆市荣昌县杜家坝工业园区，占地面积 26 万平方米。2009 年 8 月 4 日，更名为"重庆昌元化工有限公司"，为民营股份制企业。

① 嘉化厂原来的职工宿舍
② 搬迁到荣昌的昌元化工厂生产区一瞥
③ 搬迁到荣昌的昌元化工厂生产车间一角

第21节 重庆制皂总厂

　　孩提时，我对肥皂的记忆有三：其一，20 世纪六七十年代，根本没有香皂、洗衣粉这些东西。平常洗手、洗澡、洗衣服都得用肥皂。其二，肥皂是凭票供应的，每人一个月只有半联（编者注：肥皂的包装单位，一联为 2 块），不够用怎么办呢？记得 1967 年至 1972 年，我住二姨家时，外婆经常带我们用长长的竹竿去打皂角，把它泡成水，用来洗手、洗澡、洗衣服。其三，一次在营山县医院门口的河边，一个十四五岁的女孩在河边洗衣服，不小心把半联

①

肥皂掉到河里去了，哭得好伤心哦……

鸦片战争之后，国门洞开，外国商品不断涌入中国，英国的"祥茂皇"，法国的"檀香皂"，日本的"沱花皇"等先后涌入重庆。清光绪三十年（1904 年）英国商人在重庆开卖"洋碱粉"，同时聘请南京匠人在重庆开办肥皂厂，取名祥合公司，此为重庆第一家肥皂厂。月产肥皂 4000 箱，约合 80 吨。

1917 年，四川内江留日学生曾仲循回国后，在成都文庙后街开设广利胰皂厂。为扩大销路，该厂于 1925 年迁重庆箢子背，开办广利实业有限公司，初时年产肥皂 80 吨，最盛时达到 400 吨之巨，产品远销云南、贵州。1930 年，该厂遭受火灾，无力维持生产，后由蓝卞彬接手，将厂迁到了重庆南纪门，改名为"宝源公司广利肥皂厂"。

重庆制皂总厂的前身，系上海资本家赵春永以"迁川工

① 破败的厂大门
② 破败的办公楼
③ 破败的综合楼

①

②

厂"的名义筹借贷款，于1940年1月在江北区桂花村购地370亩建立的永新化学品股份公司。1943年至1946年间，经过两次扩建，其生产设备和生产能力雄居全行业之首，把持了重庆肥皂市场。

赵春永来重庆本来是计划建药厂的，并且已经花了不少钱，修建了药厂试制用房和一批管理用房。一切筹备顺利，正在等待开工，但从上海购进的制药机械在宜昌转运途中，却遭到日机轰炸，致其设备全部沉入了江底。这可怎么办呢？赵春永自己的钱、筹借的款全部投了进去，这就打了水漂？无可奈何的赵春永只得另辟蹊径，通过关系，再融资75万法币，成立了"永新化学品股份公司"，开始生产肥皂。这是抗战期间重庆最大的一家现代化工业制皂厂。

事实上，早在20世纪30年代，重庆当时制皂业大大小小的工厂和作坊已有三四十家之多，家庭中最常用的肥皂是广利肥皂厂出品的"吉星牌"。相比赵春永成立的永新公司而言，这些制皂厂的生产规模都不大，工艺也比较落后，且配套还不完善。永新公司是大型的现代化工业制皂企业，进行的是产业化生产，还聘请了留日学生谢卓生任该厂厂长，千方百计从上海招来了一批技术工人。他们革新工艺，添置大型设备，改用本地收购的牛油等动物油脂，替代战时无法保障的进口椰子油等原料，使其产业化生产有了基本保证。永新公司由此生产出来的"永新牌"肥皂，一经面市，因其质量上乘，价格合理，不久就迅速占领了重庆市场，成为重庆和西南各省会城市的"抢手货"，还把"力士牌"和其他一些洋皂挤出了重庆和西南市场。那个时候，"永新牌"肥皂占据了重庆市场80%以上的份额，每月产量高达八九百箱（一箱60联）。一时间，江北成了抗战时期重庆劳工最为密集的地方之一，赵春永也成了重庆最有名的"肥皂大王"。

　　抗战胜利后，由于原来迁
渝的机关、学校、企事业单位
逐渐回归，重庆市场急剧缩小，
加之国外、省外的肥皂大量入
渝，使得重庆市场的肥皂出现
了滞销。这个时候赵春永也回
到了上海，在上海开办了新的
上海永新化工厂，其间不断抽
走在渝企业的资金和原材料。
到1948年末，重庆永新公司已
负债累累，濒临倒闭。

　　重庆解放后，从1950年
至1957年，进入了生产恢复发
展阶段。由于国家在用工、贷
款、税收等政策上给予了积极
扶持，一时间家庭手工作坊式
的肥皂厂大量增加，当时含重
庆在内的四川地区肥皂产量达
到了4131吨，随后政府对肥皂
产业进行了调整，从1956年开
始，重庆制皂全行业进行了公
私合营，将重庆近郊的10多家
企业予以并入，这样才使得重

① 抗日战争时期筹备的医院原址
② 抗日战争时期筹备的医院原址
③ 抗日战争时期筹备的医院原址
④ 抗日战争时期筹备的医院原址

庆永新公司没有倒闭。

1958年，受"大跃进"影响，原料严重不足，肥皂生产下降，市场也随之严重脱销，加之1962年，轻工部对肥皂工业实行定点生产，当时的重庆只保留了一家，重庆乃至全国的肥皂开始凭票供应，肥皂一时成了稀奇货。

1964年，全国性的三线建设轰轰烈烈开展以后，国家投入大量资金，一方面全力以赴保证原材料的供应，另一方面引入先进的生产工艺，对老企业注入大量资金进行技术改造。1967年，重庆永新公司正式更名为"重庆肥皂厂"。1982年，企业又升格为"重庆制皂总厂"。

2021年11月16日，重庆三线两会组团前往重庆制皂总厂，专程采访了留守老员工周启贵先生。今年72岁的周启贵系子承父业，他的父亲周新仁，原系民国时期这个厂的老船工。1977年周启贵接父亲的班，进厂在制皂车间工作，每个月工资是27.5元。当时厂里只有300多人。周启贵老人告诉我们，三线建设之前，重庆肥皂生产所需的硬性油脂，重庆市内不能加工，要将棉籽油、猪油运到东北，加工后再运回来，成本相当高。1969年，国家对重庆制皂厂先后投资590万元，建立了硬化油车间，使其年生产能力达到了1.2万吨。

1985年，重庆制皂总厂年产肥皂16539吨。当时厂里的厂标要高于部标，在1980年全国同行业质量评比中获得99.04分，名列前三，并被命名为优质产品。"改革开放前的干部，那是非常勤奋和敬业的，后来的干部则华而不实，喜欢对外搞横向联系，在外面建立了很多'儿工厂''孙工厂'，板眼儿（编者注：原指民族音乐和戏曲中的节拍，在西南地区方言里比喻办法、主意等，含有贬义）多得很，就这样东搞西搞的，2001年把企业搞破产了。"周启贵老人告诉我们说。

① 重庆制皂总厂工厂生产区
② 重庆制皂总厂工厂生产车间
③ 重庆制皂总厂工厂生产厂房
④ 重庆制皂总厂工厂生产区

第22节　重庆油脂化学厂

已经被改了制、破了产或者被开发搬迁了的老企业很难找。一是原址一经开发，周边已面目全非了，二是百度上根本搜索不到它，唯一的办法就是尽可能靠近原址，问一问七八十岁高龄老人，才有可能寻觅到相关的踪迹。江北区原档案局局长江春葆告诉我们，重庆油脂化学厂的原址在江北蚂蟥梁。蚂蟥梁面积很大，我们问了十多个老年人，才终于找到了油脂化学厂已被开发了的原址。

重庆油脂化学厂的前身是重庆日用油脂厂，1969 年由

重庆肥皂厂硬化油车间和重庆牙膏厂十二醇酸钠车间合并组成。该厂以现代脂氢化技术为核心，从事油脂深加工，具有食用油、十二醇、硬化油等车间和日用化学品分厂的西南地区最大的油脂化工企业。

1984 年，该厂引进了全套食品油生产线，形成了年产人造奶油 3000 吨，代可可脂 1000 吨，起酥油 2000 吨，色拉油 2000 吨的生产能力。1985 年，硬化油年产已由建厂初期的 5000 吨提高到了 15000 吨，十二醇酸钠由 120 吨提高到了 800 吨。时有职工 439 人，固定资产 521 万元，工业总产值 2295.6 万元，利润总额 235.8 万元。

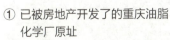

① 已被房地产开发了的重庆油脂化学厂原址
② 已被房地产开发了的重庆油脂化学厂原址

②

第23节　重庆利华橡胶厂

重庆利华橡胶厂原是于 1944 年由广西桂林迁入重庆江北溉澜溪，主要生产橡胶杂件的企业。从 1946 年开始生产布面胶鞋，1949 年有固定资产 11.3 万元，职工 120 人；布面胶鞋的年产量为 67.83 万双，工业总产值为 77 万元，利润 13.16 万元。解放后，该厂基本上也是手工操作，产量十分有限。三线建设开始以后，国家考虑到战时的需要和国内平时的内需，故而投入大量资金进行技术改造，以期扩大产能。

改革开放前，能拥有一双胶鞋那是一件很不容易的事。我的第一双胶鞋不是父母给我买的，而是我的三爸当兵回营山后，送的一双二手白网鞋。回到重庆以后，我每天坚持长跑已达 10 余年，父母没有能够给我买一双胶鞋。记不清是在初三还是高一的时候，我暑假回营山，靠自己打工，每天 8 角 5 分钱的工钱，挣了整整一个暑假，才拥有了一双崭新的"回力"牌胶鞋。

重庆利华橡胶厂生产的"马力"牌胶鞋也非常有名。该厂有 3 大类、近百个品种。1985 年其固定资产原值就有了 1583.73 万元，职工 1961 人，年产胶鞋 584 万双，工业总产值为 5321 万元，年利润总额为 1032.64 万元。

"当年为我们厂生产各种鞋面的企业，还有江北鞋面一厂、重庆邮电服务公司一厂和利华鞋帮厂……再后来因为这样那样的原因，一不小心居然破了产。"利华橡胶厂的退休老职工如斯告诉我们。

① 重庆利华橡胶厂原址
② 重庆利华橡胶厂原址

②

① 重庆利华橡胶厂原址
② 重庆利华橡胶厂原址
③ 重庆利华橡胶厂原址

第24节　重庆制药六厂

重庆制药六厂的前身是 1939 年在成都创建的药友制药股份有限公司，1946 年在重庆设的点；于 1955 年迁建于江北香国寺。1955 年公私合营，时有资产 9.7 万元，职工 82 人。1966 年该厂成为全民所有制企业，并更名为"重庆制药六厂"。当时的产品比较大众化一点，主要有宝塔糖、驱蛔糖、头痛粉、小儿安和各种眼药水。

三线建设开始后，中国医药工业公司作为一家托拉斯试点机构从国家化工部独立出来，且在重庆成立了医药

原香国寺老厂址

①

②

工业公司重庆分公司，并在全行业进行了大规模的技术改造和扩大产能。随后的重庆制药六厂上了一个台阶，开始生产比较现代化的扑热息痛、血防"846"乳干粉、硫酸链麦素粉针和造影用药硫酸钡了。随后又建立了化学原料药车间，且逐步形成了自己的主导产品：注射碳酸氢钠、注射氯化钾、注射氯化铵、注射乌洛托品、硫酸钡等。

1972年，我和父亲回到重庆市，我母亲亦从沙坪坝的西南制药一厂调到了重庆制药六厂工作，随后我弟弟也在制药六厂动力房就业。我"下海"做绿化后，也在制药六厂做过龙溪镇车间改造和向北部新区搬迁后的两个绿化工程。

1997年，重庆制药六厂改制为重庆药友制药有限责任公司。2002年，在重庆市政府和重庆化医控股（集团）公司的大力支持下，进行了资产重组，成为由上海复星医药集团有限公司、重庆化医控股（集团）公司、药友公司职工持股会共同出资重组的高科技制药企业，其中上海复星医药集团有限公司占总股本的 51%；重庆化医控股（集团）公司占总股本的 38.11%；药友公司职工持股会占总股本的 10.89%。

原来近千人的厂子只有两三台小车，2021 年 11 月 24 日我们去考察调研时——地处重庆北部新区高新技术科技园，它的车库停有两三百台小车了。新的公司占地 18 万平方米、员工 1000 余名、年销售收入 4 亿元，是一家符合 GMP，以生产化学药物制剂为主，兼产化学原料药和中药制剂的综合性制药企业。

③

④

① 现今已华丽转身为药友制药大门
② 现今已华丽转身为药友制药办公楼
③ 现今已华丽转身为药友制药生产车间
④ 现今已华丽转身为药友制药停车场

第25节 重庆制药九厂

　　重庆制药九厂原来不是生产药物的工厂，而是生产医用卫生材料的工厂。

　　20世纪80年代中期，我被借调到重庆医药管理局团委工作。一天，按局党委批准的局团委工作安排意见，由我带队去到重庆制药九厂检查青年工作。当时国家刚刚颁布了《企业法》，党政工团的负责人全部进入企业管理委员会，所以我们去时，人家多重视的，除了当时的团总支虞书记之外，郎国坊厂长还亲自接待了我们，并安排两办

①

主任陪同我们在厂子里转了一大圈。

这之后不久，我和郎厂长一块儿在重庆市委党校接受培训，有了短期的经常性接触。郎国坊告诉我：重庆制药九厂原来叫敷料厂，是重庆地区生产敷料的唯一厂家，它的前身是1937年建立的大华制药厂。1950年迁入江北的唐家沱，时有固定资产11.18万元，职工40余人。主要产品年产量是：脱脂棉3吨，脱脂纱布2万米，人均劳动生产率不足千元。

郎国坊个子不高，比我大十来岁，戴一副近视眼镜，性格多开朗的。他知道我是学中文的，也比较喜欢历史。他曾告诉我：第一个五年计划期间，民康实业股份有限公司药棉纱布厂与该厂合并实行公私合营，企业增添了不少设备，脱脂棉产量达到了67.4吨，纱布214万米。后来全国开展"备战、备荒、为人民"，三线建设打响

① 重庆制药九厂大门
② 重庆制药九厂办公楼
③ 重庆制药九厂生产区

①

②

之后，该厂因卫生材料被列入了三线建设扩能企业，企业又有了更大的发展。

随后，该厂成为中国丙二酸二酯系列产品的大型生产厂家之一。同时也是西南地区生产规模最大的生产医用胶布、脱脂纱布、脱脂棉、纱布绷带等医用卫生材料以及麝香壮骨膏、皮炎灵硬膏、麝香活血化瘀膏、创可贴等药物膏布的工厂。

2020年春节期间，新冠疫情暴发，更不巧的是我太太又被检查出来恶性肿瘤，需要进行较大的手术。当时市面上最缺的就是口罩了，怎么办呢？重庆制药九厂是重庆唯一生产包括口罩在内的卫生材料厂家，过了这么多年，郎厂长肯定退休了，电话也早记不到了。情急之中，我想起政工班的同学，也是重庆制药九厂的人，该厂工会主席范金花。我立即给她打了一个电话，给我解决了一打的N95口罩。

金花姐比我大好几岁，也早就退休了。对重庆制药九厂这时的情况她也不是很清楚，只知道企业改了制，很多设备和技术工人都搬走了。

2021年11月17日，重庆三线两会组团来到了制药九厂，我们还是想看它个究竟。同行的原5057厂的吴学辉主任，叫来了他曾经在制药九厂工作过的二弟。这个时候我们所见到的重庆制药九厂已是面目全非了。三线建设扩能时，该厂研发的皮炎膏、麝香止咳定喘膏、关节止痛膏、冻疮膏、鸡眼膏等药物膏布，全都看不到一个影子了，除了破败还是破败。

1985年，我曾经去过的那个固定资产537.38万元、职工414人、工业总产值726.26万元、利润132.82万元的重庆制药九厂到哪儿去了呢？

① 重庆制药九厂生产区
② 重庆制药九厂生产区
③ 重庆制药九厂生活区
④ 重庆制药九厂综合楼

③

④

第26节　重庆搪瓷厂

搪瓷，又称珐琅，是将无机玻璃质材料通过熔融凝于基体金属上并与金属牢固结合在一起的一种复合材料。

在金属表面进行瓷釉涂搪，可以防止金属生锈，使金属在受热时不至于在表面形成氧化层，并且能抵抗各种液体的侵蚀。搪瓷制品不仅安全无毒，易于洗涤洁净，可以广泛地用作日常生活中使用的饮食器具和洗涤用具，而且在特定的条件下，瓷釉涂搪在金属坯体上表现出的硬度高、耐高温、耐磨以及绝缘作用等优良性能，使搪瓷制品有了

①

更加广泛的用途。

20世纪七八十年代，搪瓷对我们家庭生活来说是非常重要的日常用品，早晨起来刷牙、洗脸、吃饭用的碗，全是搪瓷制品。我所工作的重庆制药机械厂的搪玻璃罐，也是搪瓷制品。那个火红的年代，每年评优选好、搞表彰，发放的纪念品、奖品什么的，都喜欢在搪瓷口缸或搪瓷脸盆上面印几个字，拿回家那是很光荣的一件事。

1932年，在江北刘家台的鹿蒿玻璃厂厂址上面，开办了四川珐琅厂，这是重庆第一家搪瓷作坊。继后，军阀刘湘所办的天城武器修理所，又建了天成机器搪瓷厂，主要生产招牌、街牌、门牌等小件。抗战时期，在江北城武库街开办的天福搪瓷厂规模较大；同时，董家溪一带又有振西、协兴、复兴、民华等搪瓷工场兴起，主要手工生产口杯、痰盂等。

① 搪瓷厂制瓷车间遗址
② 搪瓷厂制瓷车间遗址
③ 搪瓷厂制瓷车间遗址

①

　　解放前夕，江北只剩下民华、华丰和天福3家，共有搪瓷烧炉3座，球磨机5台，点焊机5台，滚边机4台，从业人员95名，年产各种搪瓷制品13.4吨。解放后，人民政府向3家小厂投资5000元，帮助其恢复生产。1953年，民华、华丰实现了公私合营，并于年末合并，定名为"地方国营重庆搪瓷厂"，划归重庆市工业局管辖。1954年1月，将重庆搪瓷厂迁至江北区下石门。1956年，天福搪瓷厂和明亚机器厂并入。至此，重庆搪瓷成为西南地区第一家制坯、搪瓷设备比较齐全的企业。

　　1964年三线建设开始之后，重庆搪瓷厂由国家拨专款进行了系统的技术改造，引进了先进的生产设备及生产工艺，使该厂的生产规模和产能得到了空前的提高。至1965年，该厂职工增至1050人，拥有固定资产原值150万元，产量达到了1813吨，工业生产总产值为760.95万元，利税总额190.22万元。

　　随后，重庆搪瓷厂的工业搪瓷以生产化学反应罐为主的生产车间又独立出来，迁到九龙坡区建立了重庆工业搪瓷厂，原来的搪瓷厂还是以生产日用搪瓷为主。

　　1978年之后，重庆搪瓷厂进入了新的更加兴旺的发展时期。 1985年，重庆搪瓷厂成为国家轻工部定点生产的

多品种搪瓷制品的综合性企业。时有产品 3 大类、300 多个规格，千余种花色。1985 年，该厂有职工 1575 人，固定资产原值 919.4 万元，工业总产值为 2015.7 万元，利税总额 413.3 万元。从 1979 年至 1985 年，该厂出口创汇 300.91 万元。

　　为了适应改革开放的需要，1990 年 4 月 25 日，重庆据瓷厂进一步组建扩大并定名为重庆搪瓷总厂，由初期的 2 个分厂发展为 7 个分厂和 4 个研究所。7 个分厂即：一厂、工业搪瓷厂、三厂、四厂、五厂、制坯厂、制釉厂。4 个研究所即：日用搪瓷制品研究所、工业搪瓷研究所、瓷釉研究所、特种制品研究所。到 1990 年末，全厂总计占地面积 17 万平方米，固定资产原值 2527 万元，产值近 6000 万元，税利近 500 万元，职工人数 2700 多人，在全国搪瓷行业中，建立起了一个技术力量雄厚，机器设备先进，实行现代化管理的搪瓷工业基地。

① 保存完整的家属区
② 保存完整的家属区
③ 保存完整的家属区
④ 保存完整的家属区

第27节　重庆造纸厂

无论是在国企上班，还是自己经营企业，我都非常节约用纸。一张 A4 的纸，一般人用两面就很不错了，可是我要用四面。为什么这样？这里面有两个原因：其一是因为我在营山县读小学的时候，二姨家半边街有家叫城守造

纸厂的，我知道从竹子到纸张这个生产过程，真的是太不容易；其二是我知道造纸对环境的污染真的很厉害，营山城守造纸厂污染了县城唯一的环城河，而在重庆市江北区猫儿石的重庆造纸厂，则污染了嘉陵江汇入长江的重庆末

①

尾段。

从 1981 年至 1997 年这 17 年间，我在重庆制药机械厂上班，每天途经市中区的李子坝和化龙桥之间，对面江北猫儿石的重庆造纸厂排出来的工业废水，不仅是臭气刺鼻，而且它淡黄色的泡沫排山倒海地向下流去，"战线"拉得很长——穿过嘉陵江大桥，流经江北嘴，最后汇入长江。

江北区境内，清代就有传统的造纸业存在。民国以后，随着现代工业、商业的兴起，纸张需求量大增，催生了大量的手工造纸作坊，最为硕大的企业则是 1938 年从上海内迁来渝的龙章造纸股份有限公司了，它可以说是江北地区机制纸张的开端。

上海龙章造纸股份有限公司创建于 1905 年，1938 年内迁江北猫儿石。1941 年被国民政府财政部合并，改称"中央造

① 江北猫儿石原址已被开发
② 位于铜梁的龙章造纸厂大门
③ 位于铜梁的龙章造纸厂公司生产车间一瞥

①

纸厂"。1948年，更名为"中央印刷厂重庆造纸厂"。

　　解放后，人民政府接管该厂并命名为"六〇一造纸厂"。1958年，与原中央工业试验所纤维实验工厂改建的地方国营重庆造纸厂合并，改名为"四川省重庆造纸厂"。1972年下放重庆市轻工局领导，始称"重庆造纸厂"，并于1976年将三车间分出去，成立盘溪造纸厂。

　　50年代末60年代初，特别是三线建设开展以后，国家投资1000多万元对该厂进行了大规模的技术改造和扩建，使其产量达到了1.5万吨及以上，使这个厂成了西南地区最大的造纸企业。该厂主要产品有道林纸、打字纸、双面胶版纸、地图纸、相纸、书皮纸和出口纸等21个品种、

105个等级规格。它出口的"狮牌"胶版纸于1981年荣获国家银质奖。

　　1985年，重庆造纸厂有职工2973人，固定资产原值3640万元，工业总产值4052.1万元，利税总额854.9万元。这么好的一家企业如若再在工业排放上下点功夫，是可以如日中天的。后来因为环保问题，该厂被异地搬迁到铜梁的西泉造纸厂的隔壁，不久后，便成为破了产的重庆市龙章纸业有限公司。2021年11月30日，我们前往铜梁实地考察，当地老百姓和该厂的留守职工，无不为之扼腕叹息。

① 位于铜梁的生产车间
② 位于铜梁的生产车间
③ 铜梁的职工宿舍
④ 铜梁的职工宿舍
⑤ 铜梁的职工宿舍

第28节　重庆盘溪造纸厂

随着重庆地区三线建设的展开，国家对造纸工业提出了新的更高的要求，要求重庆能生产为电力工业配套的高压、低压绝缘电缆纸，为国防工业生产配套的中性纸板、超薄型电容器纸，为建材、交通运输业配套的油毡原纸、水泥纸袋纸，为医药工业配套的各种感光用纸。而江北区的国有第二大纸厂——重庆盘溪造纸厂，就是这样的一家企业。

2021年12月3日，重庆三线两会组团来到了原盘溪

①

造纸厂的厂址，它所有的厂房及设施设备全部已经拆除，剩下的还有一幢办公大楼、单工宿舍和部分库房。几位留守老人告诉我们，原来这广场的四周全是厂房，蒸球的位置就在靠嘉陵江的半坡上，原来的污水直接排往嘉陵江，后来不再允许了。

老人还告诉我们，那个时候有四川造纸研究所的支持，企业自主开发出来的沥青防潮纸是很有名气的，仅这一个品种，其年产量就达到了4202吨。"采用传统方法，造纸和生产纸制品，最大的问题就是环保问题。这个关攻不下来，没有得到实质性的解决，包括原来比我们大得多的重庆造纸厂在内，一律通通只有一条垮掉的出路。"谈到这些伤心事，老人家的眼泪都快要掉出来了。

① 盘溪造纸厂办公楼遗址
② 盘溪造纸厂厂区遗址
③ 盘溪造纸厂车间遗址

第29节　重庆香皂厂

　　1972年，我和父亲回到重庆之后；那时候虽然香皂、洗衣粉都要凭票供应，但我们家从来就没有缺过，而且几乎不要钱，这源于父亲的一个叫向南辉的病友，他就是重庆香皂厂的职工，负责给厂长开小车。这期间的一个星期

天，向叔叔还请我们一家人去做客，参观了厂里面香皂和洗衣粉生产线，还送了我们很多该厂发给内部职工的香皂和洗涤剂。

　　重庆香皂厂和重庆洗涤剂厂是两块牌子一套班子，厂

① 重庆香皂厂原生产区
② 重庆香皂厂原厂房
③ 重庆香皂厂原厂房
④ 重庆香皂厂原围墙

址位于现在的建新西路蚂蟥梁立交西侧。1972 年，重庆香皂厂建立年产 1000 吨的洗衣粉生产车间，到 1977 年，生产嘉陵江型和兰花 25 型、30 型重庆洗衣粉 3 个品种。1981 年产量就达到了 4700 吨，其"兰花牌"连续被评为轻工部的优质品种。至 1984 年，洗衣粉产量达到了 15200 吨，随后再次更新设备、改革工艺，生产全部实现了机械化、管道化，年产能力达到了 4 万吨。

江北区的香皂制造业源于 1937 年的抗日战争，1949 年年产量就达到了 100 吨。三线建设前，由于这种那种原因，产量不高，1957 年只有 24.19 吨；三线建设后，由于资金的投入和工艺的改进，1965 年，香皂的产量一下子就跃到了年产 700 吨的水平。1986 年，重庆香皂厂生产香皂 2403.06 吨，固定资产原值 203.65 万元，工业总产值 2460 万元，利润 180 万元。

① 重庆香皂厂原生产车间
② 重庆香皂厂原生产车间

第30节　重庆牙膏厂

新冠疫情之前，我还没有"跑三线"，每年有三分之一的时间到全国各地、到全世界去"荡"。在我去过的150个国家当中，我最喜欢关注两类东西，一类是国外的照相机和缝纫机，另一类是日用品香皂和牙膏。我们还是孩子的时候，最喜欢用的牙膏就是重庆牙膏厂生产的"四新"和"冷酸灵"了。

1956年，经轻工部批准，在大来肥皂厂的基础上成立了西南地区第一家专业牙膏厂——重庆江北牙膏厂。1966

重庆牙膏厂现大门

①

②

年，江北牙膏厂改名为"重庆牙膏厂"。厂址位于当时的江北城兴隆桥正街（现今江北嘴金融城聚贤岩广场一带）。

建厂以来，该厂经过不断扩建和改造，牙膏生产已基本上实现了机械化、连动化。它的"四新"牌牙膏，畅销了20年没有衰过，曾6次被四川省轻工局、省经委评为优质产品，后来它研发的"氯化锶""牙周灵""冷酸灵"等牙膏也深受市场欢迎。在20世纪八九十年代，该厂的冷酸灵牙膏与华陶瓷器、奥妮洗发品、北碚玻璃器皿、重庆啤酒，被赞誉为重庆轻工业系统的"五朵金花"，曾被国家有关部门选定为国庆五十周年大典国宾专用产品。

1993年巴蜀书社出版发行的《重庆市江北区志》显示：1985年该厂生产牙膏5583万支，相当于三线建设初期1964年的21倍；时有职工533人，固定资产631.2万元，工业总产值2491.14万元。

2001年，重庆牙膏厂通过股份制改造，成立重庆登康口腔护理用品股份有限公司（简称"登康公司"），隶属于重庆轻纺控股（集团）公司，是重庆市属重点国有企业。

2021年11月26日，我们深入登康公司（业已迁址江北区五里坪港城工业园区）考察调研时发现，这家企业还是那样热气腾腾、蓬勃向上，前来拉货的加长车，那是排起了长队的。

① 重庆牙膏厂大景
② 重庆牙膏厂"冷酸灵"广告
③ 重庆牙膏厂生产车间一角

第31节　重庆金笔厂

　　新中国成立初期，重庆市场销售的自来水笔，主要从上海调入，产品供不应求。

　　1951年7月，重庆市企业局与上海裕生笔厂签订协议，成立重庆文具厂，生产自来水笔和大头针、回形针、订书机等文具。时有固定资产10.9万元，职工73人。厂址位于江北区庙溪嘴。

　　三线建设开展以后的1966年，轻工部决定在重庆新建一个与自来水笔配套的企业，年产500吨笔塑和5万克

①

① 重庆金笔厂原址
② 重庆金笔厂原址
③ 重庆金笔厂原址
④ 重庆金笔厂原址

已被开发了的重庆金笔厂

铱粒，因此对重庆文具厂进行了提档升级。随后该厂试制成功全钢套 79-A 型铱金笔。1965 年，重庆文具厂正式更名为"重庆金笔厂"。

1962 年，重庆文具厂的生产能力为年产值 23.36 万元，且连续三年亏损。三线建设扩能技改后的 1966 年至 1976 年，该厂的平均年产量达到了 326.8 万支金笔。从 1977 年到 1981 年该厂的产能得到进一步提高，平均年产量达到了 708.5 万支。

1981 年，重庆金笔厂的产量是 927.61 万支，工业总产值为 766.36 万元，利润 154.44 万元，再后来的 1985 年，时有职工 704 人。

重庆金笔厂在 1981 年至 1985 年间出口铱金笔 58.8 万支。其间该厂先后与贵阳金笔厂、昆明制笔装配厂、江西进贤文化综合厂联合成立了以重庆金笔厂为骨干的西南制笔联合体，成为全国四大自来水笔工业基地之一。

火柴被打火机取代了，因为打火机更为先进；自来水笔需要不停地吸墨水，后来也被不需要吸墨水的签字笔所取代了，随着技术的迭代，重庆金笔厂也就走上了被取代的必然之路。

第32节　重庆墨水厂

墨水是什么东西，现在的年轻人大多数不知道。可是对我们这些从六七十年代走过来的人而言，提起"墨水"，那是有着太多亲切的回忆了。过去我们家只有一瓶重庆墨水厂生产的"红岩牌"蓝墨水，父母和我们两兄弟所用的自来水笔，隔个一天两天都得去吸它一次，而且必须非常节约地用。

1954年，重庆市企业局为新上墨水生产项目，派重庆文具厂的王曰睿、邬星南，赴上海民生墨水厂学习4个月，

重庆墨水厂遗址

回来后，即申请款项 7000 元，在文具厂筹建化验室和墨水生产试验组，于年底开始试生产"光华牌"蓝黑墨水。1957 年，他们以赶超"派克"51 型墨水为目标，试制成功了"红岩牌"高级蓝黑墨水。1958 年正式成立墨水车间。

三线建设开始后的 1965 年，墨水车间从重庆文具厂划出，成立嘉陵江墨水厂，后正式定名为"重庆墨水厂"。建厂后，逐渐形成了机械化联动线两条及相应的检测设备，墨水生产有了进一步的发展。该厂先后投产了"西南牌"高级旅游墨水、书画墨汁、绘图墨水、签字笔墨水和"红岩牌"高级墨水、12 色彩色墨水及红、蓝圆珠笔油墨。1985 年，该厂产值达到了 423 万元，利润为 65.52 万元。

① 重庆墨水厂遗址
② 重庆墨水厂遗址
③ 重庆墨水厂遗址
④ 重庆墨水厂遗址

第33节　重庆皮件厂

谈起"皮件"这个话题，我有两个特别深的印象：一个是"文革"中的1969年，我从四川省营山县回重庆探望我母亲和弟弟，父亲找当地的工匠给我做了一双牛皮凉鞋，实际上它只有几个"耳朵"是牛皮的。第二个则是父

亲送了我一条他曾经用过的军用牛皮皮带。

我喜欢收藏，一次到江北区华新街福宁村1号的原重庆皮件厂旧址去淘宝，一位该厂的退休老同志问我："这条皮带就是我们原来重庆皮件厂生产的军用皮带，你要还

是不要？"他还告诉我，重庆皮件厂是三线建设时期的 1964 年，从重庆皮革厂划出来的，主要生产军工、工业、纺织杂件的专类皮革企业，产品质量特别的好。重庆皮件厂当年就给不远处的长安机器厂打造皮具配套，后来转为民用。

2022 年 4 月 6 日，上午告别了重庆工业博物馆的同人后，下午我就来到了重庆皮件厂。接待我的江北区文管所及该厂退休职工告诉我：重庆皮件厂历史悠久，主要生产与军工、仪器、装甲救护车等配套产品及高级密封皮件等产品。1985 年固定资产原值 234.1 万元，工业总产值为 827.7 万元，利润总额 127.4 万元，时有在册职工 577 人。

① 原来的厂区变成建设中的学校了
② 留下来的原厂区内"文物"
③ 留下来的原厂区内"文物"

第34节　重庆皮鞋厂

我在四川省营山县城守一小校读小学时，从县医院门诊部到住院部的路上，有好几家皮鞋厂。我路过时时常偷偷去看人家是怎么样生产皮鞋的。这些作坊式鞋厂生产皮鞋全系手工操作，靠的是皮鞋模具、皮料和麻线，工艺非

常传统，但产品质量也非常好，穿上五六年一点儿问题没有。

重庆皮鞋厂坐落在江北区的建设特村1号。三线建设前，也是采用像营山县皮鞋作坊那样的生产方式，手工

操作生产皮鞋，产量非常有限。三线建设开始之后，为了满足军用和民品之需要，该厂由单一的线缝皮鞋逐步增加了胶粘、模压、注塑、硫化等工艺，后来从国外引进了注塑机、排印机等制鞋专用设备，使其产品质量和产量都上了一个台阶。

重庆皮鞋厂同重庆嘉陵化工厂比邻而居，去年我去嘉陵化工厂考察调研时，曾经听到过老工人的鲜活故事。他们告诉我，华新街地区的"五加皮"（指皮鞋厂、皮件厂、皮革模具厂、制球厂、制胶厂五家国营厂），皮鞋厂是老大。这家厂 1985 年就有员工 721 人，固定资产原值 332.3 万元，工业生产总值 1399.9 万元，利润 205.5 万元。

① 已被开发的生产区
② 留存下来的老职工住宅
③ 留存下来的老职工住宅

第35节　重庆制胶厂

二十年前，我第一次去日本，穿了一双崭新的重庆明月皮鞋厂生产的接尖皮鞋，不到三天，皮鞋就渗水了，此后我再没有穿过国产皮鞋。原因只有一个：三线建设调整前，我们制鞋多用的是动物胶，而三线调整之后，我们多用的是合成胶了。

重庆制胶厂坐落于江北区的桥北村85号，其前身是1939年成立的华中化工厂。1949年时有员工14人，利用猪、牛皮生产动物胶21.6吨；1956年公私合营后更名为"重

①

庆制胶厂"。

该厂 1957 年拥有职工 74 人，固定资产 12.25 万元，年产皮胶 130 吨，后逐渐发展到生产食用明胶、工业明胶。三线建设前，该厂拥有职工 189 人，固定资产 36.69 万元。三线建设之后，1978—1980 年，国家拨款 30 万元，贷款 30 万元，对该厂进行技术改造；1985 年又贷款 668 万元引进了英国 APV 公司的成套设备，使其产量达到了 1000 吨的历史最好水平。

该厂注重产品质量，从 1972 年起，它的产成品业已内销上海、浙江、广东、辽宁、黑龙江、云南、贵州，并出口到了欧美及东南亚国家。1985 年，该厂拥有在册职工 303 人，固定资产原值达到了 272.2 万元，销售收入 440.2 万元，实现利税 80 万元。1972—1985 年，重庆制胶厂累计出口胶 1587 吨，创汇 430 万美元。

① 重庆制胶厂原住宅区
② 重庆制胶厂原住宅区
③ 重庆制胶厂原住宅区
④ 重庆制胶厂原住宅区

第36节　重庆织造厂

我有一位舅舅叫全茂良，在重庆织造厂任伙食团长，20世纪70年代中期，我们常去他在土湾的家中做客。一次，他的老四——我们叫四哥的全小敏，带我从沙坪坝的中渡口，坐过河船去过织造厂。1985年，舅舅告诉我，当时的重庆织造厂有1257人，固定资产原值1119万元，工业总产值1065万元，利润90万元多一点。舅舅还告诉我，重庆织造厂主要生产的产品有毛巾、床单、毛巾被、线毯什么的，产品供不应求。

①

1955—1958 年，地处江北黑石子的地方国营重庆棉织厂，与南岸区的冠业棉织厂、华伦织造厂、建新棉织厂和市中区的六一织造厂，合并组成了重庆织造厂。1968 年，重庆织造厂迁址石门，时有职工 731 人；毛巾机、床单机、提花机和织袜机合计为 480 余台；工业总产值为 471.4 万元。

三线建设展开后，国家投入资金对重庆织造厂进行技术改造，且指定织造厂专业生产毛巾和床单，使其产能得到稳定提高。1965 年，技改前的产值只有 377.69 万元；技改后的 1978 年，工业生产总值达到了 632.65 万元。同时重庆织造厂的产品开始进入国际市场，1979 年至 1982 年，其出口总额达到了 598.23 万元。该厂的提花喷花床罩曾被评为重庆市优质产品第一名。

① 已被开发的重庆织造厂
② 已被开发的重庆织造厂
③ 已被开发的重庆织造厂

第37节　重庆织布厂

重庆织布厂的前身是重庆市搬运公司染织厂，始建于1950年8月，主要产品为二四土白布，时有"丰田牌"普通动力织机20台，手拉足踩人力织机100台，职工200人。1954年，重庆市工业局接管后，更名为"地方国营重庆染织厂"。三线建设前，曾先后并入共和布厂、建设棉织厂、棉织加工厂、渝北布厂、五一棉织厂，于1964年改名"重庆织布厂"。其厂址在江北城上横街39号。

因国家三线建设之所需，原来该厂的铁木织机和"丰

①

田牌"织机被国产全新的自动织机及多臂多梭、小花纹提花多梭四色换纬织机所代替。1983年，该厂拥有各种幅宽的色织机336台，拈线锭6000枚，可以生产各种幅宽的单纱、半线、全线、薄型、厚型等色织物、纯棉、化纤、纯纺、混纺织物、起绒、磨毛织物等各种型号和规格的产品。

到1983年，该厂有20多个纯棉产品被列为"省优产品"，其中的提花被单布、仿毛法兰绒、银枪大衣呢等产品深受用户欢迎。1983年，该厂拥有职工1857人，专业技术人员40人；年生产能力：可产色织中长涤弹交并化纤布500万米，棉、绒毯42万床；年销售收入1733.76万元，实现利润32.07万元，上缴税金99.59万元。

① 重庆织布厂原址
② 从工厂里清理出来一座皇帝陵
③ 从工厂里清理出来一座皇帝陵

第38节　重庆远大织布厂

　　重庆远大织布厂的前身是在1951—1952年期间对私改造过程中出现的一家私营手工业工厂，由重庆市江北区刘家台、廖家台、简家台、水府宫、马耳湾、新登口、五里店一带的土布个体户联合而成。1956年，由远大、大同、中联、群为、群英、八一、骏华、新华、汉清、光明、山新、裕隆等12个大小私营手工业布厂合并，组建了公私合营远大织布厂。时有职工476人，人力布机228台。其厂址在喜乐溪31号。

① 重庆远大织布厂原
　大门遗址
② 比邻而居
③ 比邻而居
④ 重庆远大织布厂已
　被房地产开发

①

②

三线建设前，该厂虽再度并入了几家棉织社，增加了一些织布机，扩建了生产厂房和员工，但总体上来说还是处于一种手工和半自动化生产状况，劳动生产率也不高。三线建设开始后的1964年，该厂的多臂多梭配套织布机增加至149台，使同期的棉布产量由211.27万米增加到了502.14万米，同时还逐步改造了染纱车间、准备车间和织布车间的厂房，生产手段由手工和半机械化改为了机械化生产。

1985年，该厂全面完成了新一轮老厂房改造和设备技术更新，新增了1515A-75宽幅布机264台，较现代化的国产喷溢流染色机1台（套），从西德、日本引进了磨毛机，花式拈线机各1台，并全面投产了一条年产1000万米的后整理生产线，使其织布生产能力达到了400万米／年，当年的产值逾3000万元，利税总额为330万元。

① 职工宿舍
② 被开发了的原址

第39节 重庆江北织布厂

重庆江北织布厂的前身，源于若干个体织布手工业者，最早的历史可以追溯到1888年。随后，江北区沙湾河街一带逐渐形成了一些纺织作坊，直至解放前夕，演变成近50家私营小厂。1956年10月公私合营，将原来的50余家小厂合并为红旗织布厂、新光织布厂、新中织布厂。1958年，这三家厂再行合并，是为重庆江北织布厂，厂址位于江北

重庆江北织布厂遗址

适中村，占地 1.77 万平方米，建筑面积 2.88 万平方米。

三线建设前，该厂隶属于江北区工业局。1961—1963 年，该厂新建了织造车间，增设 1511 型自动织布机 101 台、1200 锭拈线机 3 台。1963 年，该厂完成织布产量为 290 万米，工业总产值 443 万元；有品种 17 个，花色 48 个。

三线建设开展以后的 1964 年，该厂隶属关系改为重庆市纺织局，由国家投资 550 万元，贷款 200 万元，对企业进行了全面的技术设备改造和扩建，其定位是：重庆市为三线建设配套的色织布织造、大整理（编者注：一种工艺，要求选用耐碱、耐氧漂的还原染料、不溶性偶氮染料、分散染料染纱对纯棉或涤纶棉色织布进行处理。特别是还原染料中的红色系、蓝色系，经氧漂加白后，色光变化较

大，故得名"大整理"）及具染色能力的全民所有制中型骨干企业。时有 5 个车间、19 个科室部门，其主要产品除满足国内市场之外，还远销欧美、中东、日本和港澳等 10 多个国家和地区。

1982 年该厂全年完成工业总产值 1474 万元，实现利润 100 万元，上缴利税 82 万元；时有职工 1085 人；主要产品完成棉布 446 万米，印染布 39 万米，色织布大整理 744 万米。

① 厂区木窗依然
② 江北织布厂原广场
③ 江北织布厂原行车道
④ 见证了企业兴衰的黄桷树
⑤ 江北织布厂原厂区一角

第40节　重庆衬衫厂

"2022 年 4 月 1 日，我们第一站去重庆衬衫厂。"我对专车驾驶员李桂斌安排路线。

"这个厂 1985 年有 648 人，房屋建筑面积 8972 平方米，生产民用军用衬衫 157 万件。我很熟悉的。那个时候我很年轻，比较调皮，刚赢了 20 多块钱，居然被这个厂的一个崽儿抢了。第二天，我就带了三四个兄弟伙，找到了这个崽儿。他身上只有十五块钱，拿了几件该厂生产的衬衫抵账给我。"李桂斌噼里啪啦回了我一大堆的话。

①

① 重庆衬衫厂地址
② 重庆衬衫厂家属区
　大门
③ 重庆衬衫厂的"巴
　壁虎"
④ 衬衫厂车间一角

重庆衬衫厂的厂址在江北区嘉陵三村 272 号，其前身是 1957 年成立的华新服装社，当时仅有职工 15 名，各类脚踏缝纫机 15 台。经过三线建设的扩能技改后，引进了日本、联邦德国、美国的具有 80 年代初先进水平的 3 条衬衫生产线，生产规模得到扩大，产品质量不断提高，其衬衫的生产装备专业化程度在全国同行业中名列前茅。

该厂衬衫主要产品款式新颖，"方方牌"男女衬衫获 1984 年"重庆市优质产品"荣誉称号。产品除满足军需之外，还大量批发给西南各省市的百货站、百货公司、供销社。部分衬衫、睡衣、套裙还远销美国、加拿大、日本、法国和中国香港等 20 多个国家和地区。1985 年该厂有固定资产原值 201.3 万元，净值 149.5 万元，工业总产值 1571.8 万元，实现利润 105.89 万元。

重庆衬衫厂大门

第41节　重庆第四建筑工程公司

我从1997年"下海"在江北区的五宝镇搞园林公司及苗圃，已有25年了。因为工作关系，我去了原来设在建新东路白云大厦里面的江北区农业局、财政局无数次，我也知道它们的邻居就是1965年成立的重庆第四建筑工业公司，但我却不知道该公司曾经为三线建设、为重庆城市发展做过这么多的事：重庆江津聂帅陈列馆、重庆民心

重庆第四建筑工程公司办公楼

重庆第四建筑工程公司家属楼

佳园公租房、重庆海康威视科技园、重庆两路换乘枢纽工程、重庆渝北全民健身中心室外广场和园林景观工程、重庆巫山机场项目市政及综合安装工程、重庆龙湖·春森彼岸、重庆蓝溪谷地1～3期、重庆市第十八中铁山坪校区……

"跑三线"这两年来，我到四川汽车制造厂去了若干次。这个厂的老团委书记李强告诉我：川汽厂的总装车间9325平方米，竣工面积2.6万平方米，就是重庆第四建筑工程公司干的。原中国人民解放军37分部的一位领导告诉我：重庆著名的红楼招待所，曾经接待过多位元帅和外宾的、建面为11800平方米的二号楼、三号楼，也是这家公司的

作品。

改革开放后，重庆第四建筑工业公司还承接了建面为7536平方米的江北百货商场，并对重庆电信局和长途电话枢纽大楼的主楼东边进行加宽，并在主楼屋顶现浇钢筋混凝土，构筑微波塔1座，同时建造连接于主楼东端的第8层，面积7587平方米。

1985年，该公司拥有在册职工3188人，施工产值2359万元，竣工面积12.5万平方米，实现利润19万元。

2007年，该公司改制为有限责任公司——重庆建工第四建设有限责任公司（简称"建工四建"），为重庆建工集团股份有限公司的全资子公司。

第42节　重庆建筑机械化工程公司

自从 2020 年开始研究三线建设之后，我和自己的团队前前后后已经跑了好几百家涉及三线建设的企事业单位。过去我们的重点仅仅局限于三线建设这些项目本身，这些项目是谁去建设和实施的都没有关注和深究过。直到

去到长寿化工厂及川维厂、长风厂，这才知道有个化工部的"七建"。反过来，我们知道了三线建设当中大型复杂的工程项目，主要依靠的是对口、技术精、素质更好的中央部属施工队伍完成的，但对于市属的、较小的施工企业

重庆建筑机械化工公司原址——现今观音桥商圈的茂业百货

所承担的中小型工程和一些配套工程，我们却研究不多，关心不够。

1964年，国家建委在北京召开了三线建设搬迁工作专题会议，会议确定了1965—1970年期间全国要动迁的项目。这些项目包括必须在1965年内迁建设或部分迁入重庆的企事业单位有60家。大的项目由"国家队"干，小一些的项目和配套项目，自然就属于像重庆建筑机械化工程公司这样的地方建筑企业了。

重庆建筑机械化工程公司成立于1953年，注册地在江北区建新北路21号。出于保密，该公司做了什么项目，我们不便一一罗列，但从这家企业成长历程来看，就能初见端倪了。

1985年，重庆建筑机械化工程公司拥有在册职工1996人，自有机械设备425台，总功率为21705千瓦，固定资产原值1515万元，净值738万元，当年完成施工产值792万元，实现利润84万元。

重庆的建筑企业同重庆的工业发展一样，主要经过了三个历史建设时期：一个是抗日战争的陪都时期，一个是三线建设及其调整时期，再一个才是改革开放之后。从这个角度看，三线建设的历史伟绩是值得我们高度赞扬和尊重的。

① 重庆建筑机械化工公司原址——现今观音桥商圈的茂业百货
② 重庆建筑机械化工公司原址——现今观音桥商圈的茂业百货
③ 重庆建筑机械化工公司原址——现今观音桥商圈的茂业百货

第43节　重庆红旗木器厂

重庆红旗木器厂是兵器工业部定点生产军用包装木箱的全民所有制企业。

该厂创办于1952年的两路口花溪，于1953年迁至江北区的刘家台。三线建设前后，有市中区二木箱社、江北区圆桶社、江北区纺织配件社、渝江木器厂并入该厂并转为地方国营。三线建设开始后，为适应军工配套生产的需要，由国家先后投资71万元，购置了锅炉、建设了生产厂房、购置了部分设备，建成了生产线。

位于嘉陵江北滨路的原红旗木器厂原址

1965 年以后，重庆红旗木器厂分别为长安、江陵、宁江、长江、长庆、山川等 20 多家兵工企业配套，从 1965 年到 1983 年，累计完成工业总产值 6462 万元，上缴国家利税 776 万元。特别是 1982、1983 年，因对外兵器出口增加，该厂生产任务猛增，完全超过了工厂的设计能力。但该厂与时俱进，通过推行"五定一包"经济责任制，靠千方百计挖掘潜力，保证了生产任务的顺利完成。

1983 年，重庆红旗木器厂拥有职工 770 人，其中主厂全民所有制职工 595 人，大集体 175 人；占地 1.9 万平方米，建筑面积 1.86 万平方米，全年生产军工箱 25 万个；1983 年完成工业总产值 719 万元，实现利润 155 万元；该厂拥有固定资产原值 205 万元，净值 122 万元，其中外购设备 157 台，自制设备 124 台（套），同时企业具备了总产值达 1000 万元，实现利润 200 万元，职工总数 1000 人的生产经营能力。

原红旗木器厂原址

第44节 重庆市化工研究院

我在营山县读小学时，县医院都开始烧天然气了。回到重庆后，曾多次听到父亲讲，重庆天然气化工研究所医院的烧伤科怎么怎么有名，有他们自己研发的特效药，父亲还推荐不少病人去就诊。

2021年11月18日，我们来到重庆市化工研究院考察调研。仔细一打听，弄清楚了它的来龙去脉：1958年4月，中共重庆市委工交部组建了重庆市工业研究所，开展了天然气化工利用及橡胶、塑料、纤维、半导体等的研

重庆市化工研究院大门

①

②

究。1959年7月，将半导体研究分离出去后，更名为"重庆市化工局研究所"。三线建设开始之后，石油部在四川地区开展了石油、天然气大会战。在这个大背景下，重庆市化工局研究所便于1964年5月更名为"四川省重庆天然气化工研究院"，并被收归四川省统一管理。1975年5月又下放重庆市管理，1985年6月更名为"重庆市化工研究院"。该院是国内率先在较早发现大气田的重庆地区，从事天然气化工工程研发和精细化工产品开发的科研机构及中间试验基地。

三线建设开始以后，特别是1970年开始的第二轮三线建设高潮以来，我国引进了大型天然气乙炔以及聚乙烯醇装置。该院为其输送了从总工程师、技术处长到车间骨干、技术工人等成套骨干力量。包括四川维尼纶厂在内，都有不少核心技术骨干是重庆市化工研究院培养出来的。1966年，在该院设计室基础上，组建了重庆市化工局设计室，后发展为重庆

市化工设计院。1971年，该院派出近百名天然气化工专家和工程技术人员参加四川维尼纶厂建设，成功建成了全国较大的以乙炔为龙头的天然气化工企业。

重庆市化工研究院建院以来取得了科研成果108项，获得国家级奖3项，省部级奖7项，市级奖励2项。重大成果有：天然气部分氧化法旋焰炉制乙炔；常温溶剂提浓乙炔，乙炔尾气制合成氨或甲醇原料，稀乙炔制氯乙烯，乙炔制醋酸乙烯－聚乙烯维尼龙纤维，止血纤维等。天然气热氯化法制四氯化碳，以及四氯化碳国家标准及氯化烷烃统一测量方法都是由该院制订的。其中旋焰炉制乙炔为我国独创性研究成果。

2021年11月18日，我们去到位于江北区石马河化工村的原重庆市化工研究院，了解到两个情况：其一，除一个项目还在展开研究和试生产之外，其核心部分已搬到长寿化工园区去了。其二，这是一个少有的既注重理论研究又注重生产实践的科研机构。

2002年，重庆市化工研究院整体转企，成为科技型企业，隶属于重庆化医控股（集团）公司。到2010年，企业固定资产3100万元，占地150000平方米，职工300余人，其中高、中级工程技术职称人员158人、教授级高工15人、享受国务院政府津贴专家11人。

① 重庆市化工研究院生产区
② 重庆市化工研究院中试车间
③ 重庆市化工研究院综合楼
④ 重庆市化工研究院高烟囱

第45节　重庆市硅酸盐研究所

1985 年，我时任重庆制药机械厂团委书记。经时任烧成车间主任陈敖齐介绍，专门去到江北区的下石门，请刚从捷克斯洛伐克归国的重庆市硅酸盐研究所所长苟文斌，来我们厂作出国考察报告。苟文彬所长相当于小学毕业，但他自学成才，不仅成为全国硅酸盐领域的专家，还精通英语和德语，给我的印象十分深刻。

三线建设开始后的 1965 年，重庆市为加速轻工业的发展步伐，成立了专门研究玻璃、陶瓷、搪瓷新材料、新

①

原料、新工艺、新设备及新产品开发的重庆市硅酸盐研究所。除了那场历史性的报告之外，该所还有两件事使我记忆尤深：一是他们研发的瓷釉深受市场欢迎，最后药机厂、二工搪和化机厂都曾用过它们的产成品；二是研究的"神灯"即TDP理疗器深受市场喜爱，在市三院，做了手术后都会用这"神灯"烤它一烤的。

2008年，在时任重庆市长黄奇帆的筹划下，重庆市政府整合原属中央和地方的10个研究院所，组建成立了重庆市科学技术研究院（简称"市科研院"或"重科院"），重庆市硅酸盐研究所就是其中的院所之一，办公地址搬迁至北部新区黄山大道中段杨柳路。时有职工158人，其中在职职工38人，在职职工中高级专业技术人员3名，中初级专业技术人员32名；办公、科研、检测试验场地5000

① 重庆市硅酸盐研究所原址
② 重庆市硅酸盐研究所家属区
③ 重庆市硅酸盐研究所家属区

①

②

余平方米，设备 60 余台，价值约 470 万元。

2021 年 11 月 23 日，去硅酸盐研究所遗址考察后，我设法找到了原重庆制药机械厂德高望重的陈敖齐老主任。他还告诉了一件鲜为人知的事：1983 年，他曾经和苟文彬一起去北京，把他们共同研发的、治疗癌症的 W 合剂送到钱学森、新凤霞家里。"彭真在'文革'中被折磨得半身不遂，他女儿和秘书接待了我们。W 合剂是中药，有些成分有毒性，都是苟公亲自试用，估计他后来中毒了。1986 年苟文彬不幸因癌症去世，享年五十五岁。"陈敖齐老师如斯说，"当年中组部正在对他进行考察，准备调他任轻工部副部长的。"

① 重庆市硅酸盐研究所小区环境
② 重庆市硅酸盐研究所原址

第46节　重庆钢铁研究所

我在重庆生活了几十年，只听说过重庆有钢铁设计院，从来就没有听说过有钢铁研究所。这次研究重庆市江北区的三线建设基本情况，查找了2011年方志出版社出版的

《江北区志》，在其第675页只有一行字：驻溉澜溪兴冶村1号的重庆钢铁研究所，2005年仅有职工96人。

驾驶员李桂斌告诉我："1985年我在江北溉澜溪粮

重庆钢铁研究所原址

店上过班，当时的钢研所就与利华橡胶厂是邻居，当初有四五百人，兴旺得很。"

为了搞清楚真实情况，我们于2021年11月19日来到了已经被开发了的钢铁研究所原址，又结合1992年四川科技出版社出版的《四川省志·冶金工业志》，终于把它弄了个明明白白。

1960年1月，重庆市冶金局建立了冶金研究所，它是以当时江北西钢厂为第一试验场，以在万盛海孔地区建立的稀有金属研制厂为第二试验场。三线建设于1964年开始后，它才定名为"重庆冶金研究所"的。1966年6月，冶金研究所分建，分别成立了重庆钢铁研究所和重庆有色金属研究所。

重庆钢铁研究所以新金属材料应用研究为主，有新钢种、永磁合金、再生金属综合利用、耐腐蚀金属综合利用、永磁合金、粉末磁性材料等7个研究室和机修车间。1985年末，该所有职工411人，其中科技人员115人。

① 重庆钢铁研究所原址
② 重庆钢铁研究所原址
③ 重庆钢铁研究所原址

③

巴山蜀水

三线建设

BASHANSHUSHUI SANXIANJIANSHE

重庆市南岸区企事业单位

离开父母家那间不到 40 平方米的红砖筒子楼房间，到重庆制药机械厂分给我一套近 70 平方米的二室一厅为止，我在南岸区的重庆制药七厂 3 号宿舍，生活了近十个春夏和秋冬。

早上 6 点起床，然后在上新街挤上公共汽车，到南坪；转公共汽车到市中区牛角沱；再翻公共汽车门窗，到沙坪坝区砂正街的重庆制药机械厂，需要两个小时。下午下班，反其道而行之，晚上 8 点多一点，才能回到 3 号宿舍。这个宿舍也是一个筒子楼建筑，炭砖，40 平方米。晚饭后，一大盆女儿留下来的尿片，洗干净后再拖屋、拖地板、倒尿罐，最后在四楼的水槽当中冲个凉，算是度过了一天。

生活当中的平淡和精彩是一对矛与盾，既对立又统一。我在重庆市南岸区的这十年间，收获有三：第一，每天的上下班，虽然可以说是费了九牛二虎之力，但整整十年我从来没有迟到早退过，这铸造了我作为中国工人阶级必须具备的坚强品质，且至今没有褪色；第二，在公共汽车上一次偶然的见义勇为，时任共青团四川省重庆市委副书记、重庆市青年联合会副主席的张轩，亲自批准我为"重庆市见义勇为的优秀团干部"，然后我入了党，被评为四川省十大杰出青年之一；第三，统景地震时，我拼了命去制药二厂幼儿园接我的"小棉袄"小雁子，不允许在她幼小的心灵中有任何伤害和委曲。

在比较系统地跑南岸区的三线建设遗址之前，我只知道南岸区的长江橡胶厂、东方红试剂厂、重庆铜管厂、西南制药二厂和交通部重庆交通科学研究所等三线企业。深入其里，一番研究之后，我才发现，原来在南岸的长江电工厂、望江机器厂、重庆水泥厂、四川省中药研究所这些单位还是"三线之母"，众多的南岸区三线扩能企业还是"三线之魂"。南岸区的三线建设是南岸经济、重庆工业、共和国第一次西部大开发的一个有机组成部分。前事不忘，后事之师，让我们深情地道一句：感谢南岸区这么多厚重的三线资源，它是南岸经济的根和血脉，它是南岸人民的底气与精神，让我们世世代代都不要忘记它！

第二章

第01节 长江电工厂

1972 年，我随父亲回到重庆后，住在市三院最上面的飞来寺。在住宅区大院的边缘，有一座抗战时期留下来的大碉堡。站在上面往南边一望，整个珊瑚坝、菜园坝及长江对岸的铜圆局尽收眼底。

我创办的照相机博物馆，收藏有一台长江电工厂的"长江牌"135 硬塑照相机——那是 1958 年仿苏联的东西，那个时候每台十好几元，半个月的工资，还要凭票才能到手。不知什么缘由，第二年转给位于珊瑚坝江心的重庆乐器厂

①
图强村 89

生产了。

　　对于长江电工厂，年轻时除了听老年人讲压制铜圆和硬币、生产枪弹和相机等故事外，印象最深的就是这个军工厂效益好惨了……

　　长江电工厂地处重庆市南岸区苏家坝长江边上，占地200余万平方米，始创于清朝光绪三十一年（1905年）。创办之初，因生产铜铸货币铜圆，故得名"铜圆局"（清朝的厂名大多以"局"命名，如"江南制造局"，成都银圆厂名为"银圆局"等）。此后，作为地名沿用至今。

　　1926年，时任国民政府陆军第二十一军军长的四川军阀刘湘，委其第三师师长王陵基兼任重庆铜圆局局长。从此以后，重庆铜圆局以自己特有的装备优势，逐渐开始转产枪弹。1930年，刘湘将重庆铜圆局正式易名为"陆军二十一军子弹厂"。抗战全面爆发后，子弹厂被国民政府军政部兵工署全面

① 长江电工厂地址
② 长江电工厂生活区
③ 长江电工厂家属院

①

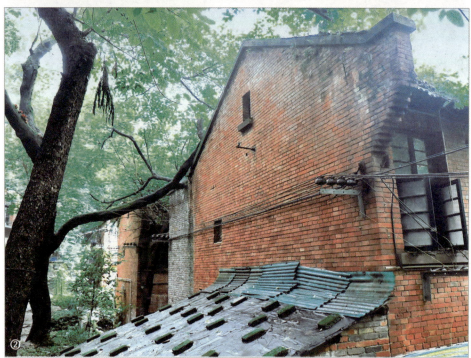

②

接收。

　　1937 年 10 月 26 日，奉兵工署令，改名为"四川第一兵工厂"。同年 10 月起，南京金陵兵工厂分四批从安徽芜湖装船，经宜昌中转水运重庆；次年 2 月，与同来的 422 名技工一起，并入四川第一兵工厂；同一时期或者晚一点时间，重庆另一家华兴机器厂与原陕西兵工厂、原济南兵工厂奉令全部并入该厂。1938 年 3 月 17 日，该厂更名为"兵工署第二十兵工厂"，一直沿用至重庆解放为止。

　　在整个抗战期间，第二十兵工厂全力以赴生产枪弹，尽力扩大其产能，使之逐渐成了抗战大后方全国最大的枪弹生产基地。从 1939 至 1944 年，工厂面积经 6 次扩大，又增加了 2000 余亩；工人增加了整整 5000 人；其主要产品 7.9 毫米的子弹，也从年产 1000 万发增加到 7000 万发。八年抗战中，该厂共生产各种枪弹 6 亿发，手雷 40 万颗，一跃成为全国最大规模的枪弹生产企业。

重庆解放后,该厂更名为"国营长江电工厂"(简称"长江电工厂"或"长江厂"),也称国营791厂。

一五期间,工厂从学习苏联的先进管理和生产技术入手,进行了规模较大的技术改造,使工厂的传统生产能力得到了较大的提升。"文革"之前,生产规模已居于西南兵工行业的首位。

改革开放之后,长江电工厂在努力提高产品质量的同时,不断地革新、改造、挖潜,并且大力发展民用产品、外贸产品和成套设备出口项目:从美国引进了易拉罐生产线,从比利时引进了5.6毫米运动步枪子弹生产线,从意大利引进了有色金属带材生产线,自行研发了国内唯一的仿美国5.56毫米枪弹生产线,SC110型汽车散热器生产线。

作为"中国民族工业之花"的长江电工厂,建厂一百多年以来,其军工产成品已经从单纯的枪弹为主,转向了最具现代化的精准制导的高精尖技术系统;其民品形成了汽摩配件、运动器材、紧固零件、电子元件等几大系列产品。

① 长江电工厂生活区
② 长江电工厂家属院
③ 长江电工厂子弟校

第02节　西南计算机工业公司

西南计算机工业公司（简称"西计"），原名国营万众机器厂，也称国营789厂。1966年始建于四川省青川县，1971年建成投产，系国家定点生产电子装备、特种微机系统和微机应用系统的大型骨干企业；1985年，根据国家的战略调整，迁至重庆市南岸区南坪建厂。该公司在南坪的黄金地段占地252亩，总建筑面积16万平方米，拥有职工3000人，其中专业技术人员900余人，高级工程师90余人，享受国家政府特殊津贴专家10人。

①

① 西南计算机工业公司大门
② 西南计算机工业公司职工住宅楼
③ 西南计算机工业公司生产车间
④ 西南计算机工业公司厂区环境

该公司拥有现代化的计算机研究中心，环境实验室、电磁兼容试验室、多媒体终端试验室、通讯试验室、定位定向试验室、模具加工中心、齿轮检测中心以及各类工艺设备千余台、仪器仪表2500余台。除负责研发军用自动化指挥系统之外，还开发和生产了通用微型计算机、计算机光驱及应用产品、通讯类产品、IC卡系统、金融电子机具、中小模数齿轮、精密注塑模具等产品。

1985年，该公司引进技术建成的微机装配生产线，拥有年产"长城牌"0520系列微机应用系统3万台的生产能力。

该公司先后获得全国科学技术大会颁发的科技成果奖，电子工业部及四川省重大科学成果奖多项。2020年该公司实现销售收入2.2亿元，利润600万元以上。

① 西南计算机工业公司办公楼
② 西南计算机工业公司大门标识

第03节　重庆铜管厂

"重庆铜管厂是 1966 年 5 月份建的国家三线企业，地址在南岸的纳溪沟，现在早就拆迁了，仅仅剩下大门口里面的一块水泥坝子，其他的什么都没有了。"去纳溪沟之前，

向几个朋友打听这个厂的情况，他们都是这样告诉我的。

2021 年 12 月 7 日，我带车一大早赶到南岸区的纳溪沟，绕到围墙中段，有一个能钻进的缺口，我就去到了那块水

重庆铜管厂大门

重庆市南岸区企事业单位

泥坝子，然而沿厂际公路独行二三千米，居然还有一座租给汽配厂的生产车间，多有生气的样子。探索三线建设遗址的魅力就在这里，时不时地会给你一个惊喜。

重庆铜管厂的原名叫作重庆南岸区有色金属管材厂，是三线建设时期国家冶金部定点规划建设的一座生产铜质管材的中型国有企业。开建于1965年5月，由于"文化大革命"的干扰，基本建设时间拉了整整七年，于1972年才建成投产。它是三线建设时期西南地区规模最大的铜质管材加工企业，年产各种铜质管材1000吨。

1966年至1985年，国家先后投资1196.2万元，建成厂房面积29150平方米；拥有大、中型机械锻压设备44台套。1985年，形成固定资产原值1046万元，净值772万元。时有职工562人，总产值1052万元，创利税162万元。

"七五"技改工程国家再次投入406万元。1989年，该厂占地7万平方米，房屋建面3.95万平方米，有机械锻压设备233台，固定资产原值1511万元，净值1052万元，职工588人，年产铜材1170吨，总产值1017万元，创利税214万元。

① 重庆铜管厂遗址
② 重庆铜管厂围墙遗址
③ 重庆铜管厂车间遗址
④ 重庆铜管厂车间遗址

第04节　四川新生劳动工厂

　　重庆被称为全国的"四大火炉"之一，1972年前，我们家里是靠摇着蒲扇过的夏天；1972年之后，有了一台"新生牌"电风扇，夏天的日子就好过多了。

　　"新生牌"电风扇是草绿色的，由四川新生劳动工厂生产，质量很好，好到整整一个夏天不关，它也不会被烧坏。

　　四川新生劳动工厂位于南岸大佛寺地区，它是以改造罪犯为主、改造与生产经营相结合的中型机械工业企业。1959年建成投产，隶属于四川省公安厅。公安系统改革后，

于 1984 年隶属于四川劳政局。1988 年还被评为了四川省先进企业。

1959 年至 1985 年，国家累计投资 1660 万元，26 年间共创造利税 6835 万元。

1980 年，该厂占地面积 18.83 万平方米，拥有各种机械设备 193 台，形成固定资产原值 1302 万元，净值 956 万元，职工 688 人；总产值 2619 万元。

1988 年，职工 824 人，固定资产原值 1195 万元，净值 819 万元，总产值 4020 万元，比 1985 年增长了 41.49%。

该厂主要产品产量：镀锌铁丝 1 万吨，电风扇 1 万台，产值为 1263 万元的汽车配件，110 微型车后桥总承，东风 140 盆角齿和 FTA2-8 型排气风扇也已大批量生产。其名优产品是：FT2-40 台扇，1980 年、1985 年获省市优质产品奖；TFS-40 节能落地扇，获 1986 年重庆市优质产品奖。镀锌铁丝、棉花打包丝，1981 年、1983 年、1987 年均获省、市级优质产品称号。

① 四川省新生劳动工厂原址
② 四川省新生劳动工厂原址
③ 四川省新生劳动工厂原址

第05节　重庆柴油机厂

重庆柴油机厂是原八机部定点生产小功率柴油机的专业厂。该厂原系三联机器修配厂、合众机器厂以及 1951 年以后相继并入的裕鑫、振兴、三合、群星等 13 家私营小厂。从 1958 年起，先后改名为重庆第二动力机械厂、重庆三联柴油机厂、重庆柴油机厂。1960 年开始，该厂先后隶属于重庆市农机水电局、农机局和机械局领导。

三线建设前，该厂主要生产 3.6 千瓦、7.3 千瓦和 22 千瓦的柴油机。由于设备落后，工艺陈旧，基本上是修配

式的生产。三线建设之后，得益于国家政策支持，于1970年新上S195型柴油机，其扩建纲领为10000台的生产能力。截至1982年，该厂共生产S195型柴油机9.4万台。1979年该厂又在此基础上，改进试制了CC195型柴油机，且连续两年在全国拖拉机柴油机质量检测中名列前茅。

1988年底，该厂拥有职工1527人，固定资产原值1567万元，占地面积44268平方米，主要生产设备409台。有曲轴、机体、缸盖、造型、浇注、齿轮箱盖、凸轮轴加工线和总装等八条生产线。全年完成工业总产值3769万元，实现利润444万元，生产CC195型柴油机49000台，创历史最好水平。经重庆市经委批准，1988年3月，以该厂为主，组建了"重柴牌"柴油机工业联营公司。

① 重庆柴油机厂空旷的生产车间
② 重庆柴油机厂厂区行车道
③ 重庆柴油机厂生产车间一角

第06节 重庆马铁厂

马铁，是一种铁料的称谓，指可锻铸铁。它具有较高的强度和韧性，适于铸造形状复杂而壁薄的小零件，如水管弯头之类。

重庆马铁厂是西南地区生产可锻铸铁的国营专业铸造厂。1966 年为贯彻重庆市专业化协作会议精神，经市计划委员会"计基发（66）字第 012 号文件"批准，将重庆轴承厂铸造车间迁至南岸玛瑙溪新建成立的马铁铸造厂，占地面积 17072 平方米，其中生产面积 7390 平方米。该厂

①

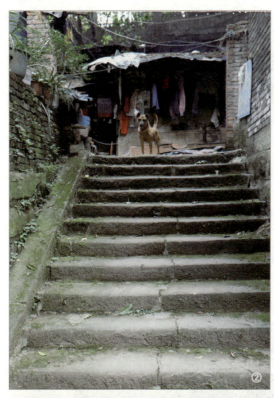

① 重庆马铁厂生产区
② 重庆马铁厂生活区条
　 石台阶
③ 重庆马铁厂职工宿舍
④ 重庆马铁厂庭院深深

①

②

隶属于重庆市机械工业局。

该厂的产品主要有马铁水管件、马铁零件两大类。1970年，该厂承担了"山城牌"汽车79种马铁零件的试制和生产。1979年，其马铁水管零件还远销中国香港。多年来，该厂生产的水管产品质量在同行业质量抽查中，一直名列前茅。1986年开始，该厂生产的工程链条、火车风管连接器等马铁零件，还陆续出口北美、北欧等地。

该厂至1988年，拥有职工388人，固定资产原值230万元，主要生产设备46台套。全年完成工业总产值268万元，实现利润3.3万元，生产产品产量1100吨。除主要产品之外，还开始了产业化生产自己独立开发的红外感应自动水龙头等新产品。1988年，该厂实行了厂长任期目标责任制，对内深化改革，挖潜改造；对外开拓市场，不断扩大出口创汇能力。

① 重庆马铁厂生活区
② 重庆马铁厂住宅楼

第07节　重庆红旗开关厂

对于残障人士，我一直都是非常尊重。他们由于这样那样的缘由，本身应该健康的身体有了一些残疾，在这种情况下，政府以各种形式把他们组织起来，开展一些力所能及的工作，这对国家、社会和其本人来讲，都是一件了不起的功德。坐落于南岸福利社的重庆红旗开关厂，就是这样一家企业，它隶属于重庆市民政局。

1953年3月，重庆市养老院在南岸盐店湾试办福利合作社，1960年更名为重庆市盲聋哑残福利社工厂。1961年，

红旗开关厂住宅楼

该厂的厂部迁到市中区，在南岸设第四分厂。三线建设开始时的 1964 年，第四分厂改为一分厂。1966 年，改名为"重庆红旗开关厂"。这之前主要生产的是麻绳、棕刷、雨伞等简单手工业产品，年总产值只有 15 万元~ 26 万元。

三线建设开始后，国家先后投资 193 万元，为其增添生产设备，修建厂房 1.37 万平方米；除主产铁壳开关之外，还不断开发了新的开关系列产品，且扩大了生产规模。

1985 年，重庆红旗开关厂总产值为 222 万元，固定资产原值 189 万元，净值 160 万元，时有职工 383 人，其中"四残"人员占到总人数的 52%。1986 年，该厂还开发了胶壳闸刀，插入式容器新产品，年产量为 9.4 万件（套），创产值 244 万元，利润 17 万元。

① 红旗开关厂荫荫黄桷树　　③ 红旗开关厂职工住宅
② 红旗开关厂家属院　　　　④ 红旗开关厂遗址一角

第08节　重庆第二机床厂

民国二十九年（1940年），该厂先是以合作形式兴办的，名为"惠工铁工厂"。民国三十一年，集股增资至60万元法币，扩大规模后改为重庆惠工铁工厂股份有限公司。1958年，该厂由五桂石迁往南坪。三线建设开始后的1966年，更名为"重庆第二机床厂"。系国家定点专业生产320系列车床的中型国营企业，隶属于重庆市机械工业局。

根据国家三线建设整体布局的统一安排，1964年，一机部决定总投资560万元，扩建重庆第二机床厂，其设

①

计能力为 C616 型车床 2000 台。1966 年，该厂开始试制 C6432 型卡盘车床，并先后发展到三爪、气动、液压夹头 3 种机型，并有少量援外出口任务。1967 年以后，该厂陆续试制成功 C6332 型精密无丝杆车床，C6332−1 型可控硅无级变速精密丝杆车床。

1988 年末，该厂拥有职工 1929 人，占地面积 12 万平方米，其中生产建筑面积 4.16 万平方米，拥有固定资产原值 1963.87 万元，主要生产设备 409 台，其中精、大、稀设备 30 台，进口设备 11 台。1988 年该厂已具备生产 23 个品种，32 种规格，年产 2000 台机床的综合能力；全厂完成工业总产值 1619 万元，出口创汇 192.87 万美元，当年实现利税总额 627 万元。

2005 年底，重庆第二机床厂与重庆工具厂一道，被重庆机床厂整合组建成重庆机床（集团）有限责任公司。2014 年，搬迁至国家级重庆经济技术开发区（南坪茶园）。

① 重庆第二机床厂原址
② 重庆第二机床厂原址
③ 重庆第二机床厂原址

第09节　重庆橡胶机械厂

1996 年四川科学技术出版社出版的《四川省志·化学工业志》，对重庆橡胶机械厂有过简单的介绍，但它的厂址具体在什么位置，我们仔细查找了《重庆市机械工业概况》（1989 年重庆市机械工业局编著）、《四川省机械工业骨干和重点企业概况》（四川省机械工业厅编辑），以及《重庆市南岸区志》（1993 年重庆出版社出版），都一无所获。

2021 年 12 月 8 日上午，我们来到重庆长江橡胶厂附近，找到一位 70 多岁的老同志，他才告诉我们一个大概位置：

①

南岸四公里永辉超市背后的一座山坡上面。

1971年，重庆橡胶机械厂成立，1974年正式投产，年生产能力300吨左右。它的主要产品有油压平板硫化机、三角带水压平板硫化机、手板压机、胶浆搅拌机、15吨揭膜机、直径150毫米压出联动机、摩托车外胎伞式定型机及各种橡塑制品模具等48种。建立这座企业的初衷，就是为重庆及西南地区的橡塑制品厂提供专业性机械服务。

重庆橡胶机械厂生产的工柜干燥箱、切胶机、垫布整理机、球嘴冲边机、胶球修补硫化机、转盘开嘴机、轻型皮带运输机、离心器成型机等13种产品，曾出口过阿尔巴尼亚和缅甸。我们在该厂原址找到了几幢原汁原味的家属住宅区，以及从该厂退休的几位老同志。他们说：从建厂开始，经济效益一直不好，且长期亏损。1985年就被重庆长江橡胶厂兼并了。

① 重庆橡胶机械厂原址
② 重庆橡胶机械厂家属楼

②

第10节　重庆第一纺织机械厂

坐落于重庆市南岸区窍角沱的重庆第一纺织机械厂，是国家纺织工业部定点生产成套设备的全国机械工业重点企业。该厂的前身是由西南蚕丝公司修配厂、重庆纺织机器配件厂、渝利翻砂厂等3家厂子，于1958年合并组成的重庆机器配件厂。该厂先后更名为重庆纺织机器配件厂、重庆纺织配件总厂、重庆第一纺织配件厂。于1981年才正式定名为"重庆第一纺织机械厂"，隶属重庆纺织工业局领导。

建厂初期，该厂主要生产棉纺织配件和轻工机器配件。三线建设开展之前，还零星生产过 T68 镗床、5 米导轨磨床、C630 车床等工作母机。全国性的三线建设展开之后，该厂除了生产纺织、染整、轻工设备等配件之外，还转为生产棉纺、苎麻、绢纺、丝纺等成套（台）设备。其中的 CGD150 大卷装捻并丝机，还具有了 20 世纪 80 年代的先进水平。

1987 年末，该厂拥有职工 964 人，固定资产原值 740 万元，占地面积 3 万平方米，其中生产用建筑面积 2.3 万平方米，拥有主要生产设备及配件 164 台，全年完成工业总产值 1000 万元，生产纺织成台（套）设备及配件 1600 多吨。主要产品有：CZ411、CZ421 麻粗纺机，DJ411 绢纺粗纺机，CZ161、CZ162、CZ163 圆梳机、A092A 双棉箱给棉机、细纱捻线机白铁筒。其中的 CZ411 粗纱机、K251 丝织机曾获重庆市新产品"百花奖"。

① 重庆第一纺织机械厂原址
② 重庆第一纺织机械厂原址
③ 重庆第一纺织机械厂原址

第11节　重庆汽车改装厂

重庆汽车改装厂的前身为重庆震旦机器铁工厂，创建于1917年的上海；后来生产"震旦"鸡球牌药沫灭火机，是当时中国之名牌产品。抗战爆发迁来重庆后，主产仍然是消防器材。1956年公私合营，1958年成为地方国营，主产改装消防车、汽车修理、消防器材。

三线建设后，国家投资扩大其产能，使其拥有了新的压制、钣金、焊接、烤漆、装配工艺生产线和各种加工设备。使其在西南地区率先开始生产改造 CG620 型 13 座

①

① 重庆汽车改装厂大门
② 重庆汽车改装厂办公楼
③ 重庆汽车改装厂生产车间一角
④ 重庆汽车改装厂生产车间一角

平顶旅行车、民用消防车、火葬车、扫街车及 CF120 双排座轻型载重货车、3.5 ~ 6 吨东风自卸车、CG "渝城牌" 救护车、CG130J 环境监测车、CF620 旅行车。

到 1988 年为止，重庆汽车改装厂除生产 "震旦" 灭火机、汽车配件等 29 种产品之外，累计改装了 2806 辆汽车，完成工业总产值 6604.5 万元。

1988 年，该厂拥有职工 454 人，其中工程技术人员 25 人，固定资产原值 430 万元，占地面积 30248 平方米，厂房面积 11920 平方米，金切、锻压设备 77 台，全年共完成汽车改装 275 辆，实现工业总产值 817 万元，利润 79.1 万元。

① 重庆汽车改装厂综合楼
② 重庆汽车改装厂生产车间

第12节 重庆机床配件二厂

重庆机床配件二厂是 1978 年 10 月新建的企业，它位于当时的南坪开发区金山路，在南坪珊瑚小学校的隔壁，是生产机床配件、附件和零部件的专业厂家。

创业初期主要从事机床的修理服务，后面才开始生产 C616、C616A、C616-1 型机床配件。从此一发而不可收，紧接着开始生产 C616、C616-1 电磁制动装置，CF97003、TF82001 多功能六工位回转夹具，CF97001、TF95001 可调试多限位纵向挡铁，C97002 中心架、跟刀架，TF95001

重庆机床配件二厂生产车间

车机牙表，TF86001 机床部件，C616 车床变速箱总成，小刀架总成；BJ-130 型汽车方向机等产品。

1988 年，该厂拥有职工386 人，其中各类专业技术人员36 人；固定资产原值 100 万元，主要设备 95 台，其中金切设备79 台。占地面积 7893 平方米；其中生产用房面积 2907 平方米，全年完成工业生产总值 172.91万元。

① 重庆机床配件二厂原址
② 重庆机床配件二厂生产车间

第13节　重庆第二阀门厂

重庆第二阀门厂的前身系重庆强昌机器厂，创建于1939年，系李志强独资企业。解放后，由强昌厂发起，联合均昌、汉洪、泰洪记、泰记、德记等7家私营机器厂，组成竟力合营机器铸造厂。1956年10月，公私合营，改名为"公私合营竟力机器厂"。1959年定名为重庆竟力闸阀厂，1966年9月，曾用名"重庆工农阀门厂"。1987年改名为"重庆第二阀门厂"。

三线建设前，该厂先后生产过压瓦机、制砖机、简

重庆第二阀门厂大门

易车床。再后来开始试制阀门Dg300 明杆平行式双闸板闸阀，继而开始设计制造明杆、暗杆及冶金煤气阀等系列产品。进而成为西南地区定点生产中口径阀门的专业家。其中 J41T-16Dg100、50；Z45T-10Dg150、80 径行检被评为一等产品。

三线建设开展之后，该厂在立足于阀门生产能力扩大的同时，抽出一个车间，开发了汽车总成和零部件产品。后来又投资 265 万元，修建厂房，添置设备，扩大产能。同时开发了玻璃隔膜阀、电动阀、液压阀、铸铜阀、球铁阀、卷板通风蝶阀、池底阀等产品。

1988 年，该厂拥有职工 619 人，其中工程技术人员 38 人，固定资产 407 万元，主要设备 134 台，全厂占地面积 3.5 万平方米，全年完成工业生产总产值 497.3 万元，实现利润 22 万元。

① 重庆第二阀门厂原址
② 重庆第二阀门厂原址

第14节　重庆液压机厂

重庆液压机厂的前身是 1962 年创办的重庆跃进机修社和解放碑铁工厂，主要生产塑料、橡胶机械产品和各种铁杂件。从 1968 年开始，其生产的产品有 SY4-45T、YB32-150T 四柱式液压机。两厂于 1972 年正式合并之后，组建了重庆朝阳液压机厂，1977 年试制成功 YB32-300T 液压机，并于 1980 年正式更名为"重庆液压机厂"。

继该厂生产的 SY4-45A 四柱式液压机出口东南亚之后，该厂又开发了 YC32-500T 液压机，并试制生产

重庆液压机厂原址

①

②

400KN 四柱式液压机、J44–55E5504 牛底传动双动拉伸压力机，并成为重庆市重点科技项目。

　　1986 年，重庆液压机厂与重庆机床工具工业公司实行了紧密联合，并归属其领导，终获长足的发展。在重庆机床工具工业公司的资助下，该厂由市中区搬迁到了南岸区六公里，占地 20 余亩，新建厂房 5000 平方米。

　　1988 年，该厂拥有职工 351 人，其中工程技术人员 9 人，固定资产 224.9 万元，主要设备 76 台，其中大型设备 5 台，全年完成工业生产总值 231.5 万元。

① 重庆液压机厂原址
② 重庆液压机厂原址

第15节　重庆电动工具厂

2022年2月9日一大早，经过四五起向上新街"土著"的老同志打听，终于在我曾经住过的药七厂3号宿舍的后背坡底下，找到了早已破产关门、散了架的重庆电机工具厂。

当天正下着中到大雨，我独自一人在厂址四周拍摄，几位原电动工具厂的老职工打着雨伞跑出来看我，好像看一个精神病人一样。雨稍微小了一点之后，他们过来询问我在干啥子？经过一番摆谈，我讲自己为什么冒着雨过来

四周被现代化建筑包围了的重庆电动工具厂

①

②

③

④

拍摄这些照片，他们告诉我电动工具厂一些基本情况。

重庆电机工具厂创建于1973年，在1981年之前，隶属于南岸区工业局，1982年才划给重庆机械局电机工业公司。该厂主要产品有单相手电钻、单相冲击电钻、湿式磨光机、可逆转攻丝器、压力机用电控制安全保护器和柴油机配件等产品。

该厂的电动工具广泛应用于机械制造、造船、建筑及桥梁行业等方面。1988年，该厂拥有职工275人，各类专业技术人员33人，固定资产170万元，各类生产检测设备102台，占地面积为4748平方米，建筑面积3465平方米；全年生产电动工具2万多台，工业生产总产值359.7万元，实现利润17.7万元。

① 重庆电动工具厂厂门一角
② 重庆电动工具厂车间遗址
③ 重庆电动工具厂厂区一角
④ 重庆电动工具厂门柱一角
⑤ 重庆电动工具厂车间遗址
⑥ 重庆电动工具厂环境

⑤

⑥

第16节　电信总局529厂

出于备战和三线建设的需要，当时重庆的部分高校受到了很大的影响，西南师范学院被分别疏散到了梁平和忠县，但不久即告结束。其境况比较起重庆市另外一家高校——重庆邮电学院来说，要好很多；因为后者被改组成

了一家工厂，学校教学的师资力量被严重中断。

重庆邮电学院位于重庆市南山风景区黄桷垭，其发祥于1950年，在抗战时期交通部邮政总局原址上，开办东川邮政管理局邮政人员培训班。在此基础上，先后举办西

南邮电分校、重庆邮电学校和重庆电信学校。1959 年 3 月，重庆电信学校升格为重庆邮电学院，并开始本科教育。1962 年，四川邮电学校（大学班）并入重庆邮电学院，重庆邮电学院（中专班）并入四川邮电学校。1965 年，成为当时四川省招收研究生的 10 所院校之一。

　　1970 年 4 月，重庆邮电学院的主管部门——国家电信总局，发来一份指示：为适应战备的需要，为加速电信工业建设，迅速改变电信的落后面貌……报经国务院业务组批准，并征得四川省革委、省军区的同意，将重庆邮电学院改为电信总局 529 厂。

　　这是在 1969 年 3 月"珍宝岛事件"后，国家全面进入战备阶段的一种非常规安排。一纸电函，重庆邮电学院即由电信总局管理，划归重庆市国防科学技术工业办公室（简称"重庆国防工办"）管理，并主要承

① 电信总局 529 厂原址
② 电信总局 529 厂原址
③ 电信总局 529 厂原址

电信总局 529 厂原址

担固体电路和铌电容器等新型电信元件的生产。就这样，重庆邮电学院的知识分子被调走了 80 多人，而新招了 270 多名工人，开始了企业的生产，筹建钽铌电容、硅平面管、锗管 3 条生产线。

　　电信总局 529 厂采取"土法上马、土洋结合，两条腿走路"的方针，直到 1971 年底，终于形成了生产成本高、合格率不高的钽铌电容、硅管、锗管 3 条生产线。好在当时的中苏大战没有真正爆发，到 1973 年 7 月 31 日，邮电部又以"部办字 68 号文"发出了"关于恢复和调整邮电科学研究机构的通知"，将 529 厂更改为邮电部第九研究所。1979 年 5 月，教育部同意电信总局 529 厂恢复为重庆邮电学院，恢复重庆邮电学院本科和研究生招生、教学。1980 年即招本科生 122 名。

　　2000 年，由信息产业部划转重庆市管理，实行部市共建。2006 年，重庆邮电学院更名为重庆邮电大学。2007 年，重庆邮电大学通过国防武器科研生产单位二级保密资格认证，正式成为一所以"军民结合，寓军于民"的国防科研高校。

第17节 重庆无线电一厂

重庆无线电一厂原址在重庆市南岸区涂山寺，是国家电子工业部定点生产红外光电仪器和收音机、收录机等多种电子产品的国营企业。1966年9月建厂，1969年产出第一批检波整流二极管，从而结束了重庆不能生产半导体器件的历史。

在第五个五年计划期间，该厂发展成整机生产厂家，先后产出收音机、收录机和稳压电源、万次闪光灯、激光医疗仪、红外光电测距仪、红外光电冲床保护装置、多功

重庆无线电一厂原址

① 重庆无线电一厂原址
② 重庆无线电一厂原址
③ 重庆无线电一厂原址
④ 重庆无线电一厂原址

能报警装置、燃气熄火保护装置等 38 种产品。

1980 年，该厂引进收录机生产线，其产量、质量有显著提高。1982 年迁入江北区之后，着力采用新技术、新工艺。1984 年 2 月引进 828 型双卡收录机组装生产线，1985 年又先后引进瑞士和日本红外光电测距仪生产技术及设备，生产的"重庆牌"202 型全晶体管大台式收音机，曾被评为全川第一名、全国第六名。

1985 年，重庆无线电一厂有职工 687 人，其中工程技术人员 126 人（工程师以上 66 人）；固定资产原值 643.1 万元；主导产品收录机 24555 台，有 3 种型号的袖珍收放机、收录机能够出口创汇。1985 年其工业总产值 585.3 万元，利润总额 102 万元。其中该厂生产的 828 型四波段调频幅立体声收录机，被评为重庆市优质产品。当时重庆制药机械厂团委就购置过一台，用于各团支部野外郊游活动。

③

④

第18节 重庆无线电二厂

重庆无线电二厂位于重庆市南岸区清水溪，是国家定点生产半导体器件的专业厂家。建于 1966 年 3 月，1970 年基本建成投产。到 1985 年末，有职工 541 人，其中工程技术人员 47 人；拥有固定资产 543.9 万元，生产用建筑面积 17369 平方米；有专用设备 530 台，通用设备 50 台，共设有 6 个车间，是四川省半导体器件例行试验中心之一，拥有各类试验可靠性筛选设备 22 台。

重庆无线电二厂从生产锗低频管单一品种发展到能生

①

① 重庆无线电二厂原址
② 重庆无线电二厂遗址
③ 重庆无线电二厂遗址
④ 重庆无线电二厂遗址

产锗高频管、PIN无线开关管、砖平面三极管（30G、3DK系列产品）、高可靠器件、数字集成电器（TTL）等30余个大类105个小类630个规格的半导体器件，最高年产量达300万只。主要产品3DG02B于1982—1985年，连续四年保持部级优质产品称号。

该厂注重发展产品特色，不断提高配套水平，主要产品多次成功地用于航天重点工程，并多次获得党中央、国务院、中央军委的嘉奖贺电。该厂积极试制新型半导体器件和为彩色电视机引进生产线配套的国产器件。1984年获重庆市"新产品开发先进企业"称号。该厂开发了电子仪器仪表等16种产品，其中煤矿使用的AZJ-81型便携式沼气报警器，于1985年6月在煤炭部组织的质量评比中获金质奖。

① 重庆无线电二厂遗址
② 重庆无线电二厂遗址

第19节　重庆无线电五厂

2021年11月12日一大早，我们就驱车来到了坐落于南岸区四公里、重庆工商大学侧门、原重庆制钳厂的第二个工厂遗址。进入这个区域，我们就被眼前的景象所吸引了：除了制钳厂的第二个工厂遗址之外，这里还有一个以60年代青砖为主的长江橡胶厂组团，它是由上海内迁的三线企业；再一个就是以红砖为主的重庆无线电五厂了。重庆无线电五厂在《重庆市南岸区志》（重庆出版社1993年版）中明确被界定为三线企业。由于行程安排和时间的关系，

重庆无线电五厂遗址

①

我们只能对重庆无线电五厂视若无睹，先跑制钳厂的第三个工厂遗址——茶园长生桥去了。

12月8日，我们重庆三线两会又组团"吃回头草"，来到了重庆无线电五厂的职工生活区。这儿有60年代的红砖房两个区域，70年代的白砂砖及80年代的"现代化"各1个区域，留下来的职工还有几十户。

深入打听，才知道这家工厂是三线建设时期的重庆可变电容器厂。该厂是在"通用电子元件立足于内地配套"的发展方针指导下、经四机部批准、在四川新建的25家电子元件专业化生产企业之一。而重庆无线电五厂则是它后来的名字。

据四川科学技术出版社1993年的《四川省志·电子工业志》第143页记载：1970年，重庆可变电容器厂生产用于便携收音机的薄膜介质主调，空气介质微调可变电容器。最大

① 重庆无线电五厂遗址
② 重庆无线电五厂遗址
③ 重庆无线电五厂遗址
④ 重庆无线电五厂遗址

重庆无线电五厂家属区

容量 270 微微法，最小容量 <7 微微法。绝缘电阻 ≥ 100 兆欧，转动力矩 50 ~ 350 克厘米。1971—1976 年，薄膜介质可变电容器发展了微调、双联两种结构，空气介质可变电容器增加了主调性能。

1980 年，重庆无线电五厂开发了为袖珍式收音机配套的 CBM-224Q 薄膜介质可变电容器，容量为 3.5 ~ 127 微微法。还研制投产了带缓调和不带缓调的 CB-2-365 型可变电容器，容量为 12 ~ 365 微微法，转动力矩 100 ~ 400 克厘米，1981 年获全国质量行评第三名。1982 年投产用于收音机的 CBM-443AF 四联结构可变电容器，

容量为 4.5 ~ 335 微微法。

到了 1985 年，该厂生产的可变电容器品种已达 20 个，产量由 1970 年的 0.4 万只，提高到了 1985 年的 233 万只。留守老工人告诉我们：1985 年有正式职工 502 人，其中工程技术员 63 人；年末固定资产原值 401 万元，生产用建筑面积为 7605 平方米。

打火机取代了火柴，所以火柴厂几乎淘汰完了；现在我们不再用收音机了，所以重庆无线电五厂也只能政策性破产了。

第20节　重庆电表厂

重庆电表厂又名"重庆自动化仪表厂"，是机械电子工业部定点生产安装式电表和气动基地式仪表的专业化企业。

1958年，由衡器修理制造厂、上游机器修理厂和东风电气仪器修理制造厂合并组成的地方国营企业,定名为"山城仪表机器厂"。该厂在三线建设之前,主要从事电工仪表、天平、台秤的修理和金工件加工，也曾生产过一批档案柜和保险柜。

重庆电表厂大门

①

②

③

④

三线建设中的 1966 年，上级规划该厂的发展方向转为安装式电表，改名为重庆电表厂。1967 年，该厂试制成功 1T1-AV 型安装式电表，使之成为重庆市第一家电工仪表制造企业。这之后又陆续试制出多种直流电表，频率表，三相有功和无功功率表，三相功率因数表、整步表、微型电表，矩形交、直流电表，部分产品出口到坦桑尼亚、几内亚等国家。

1988 年底，该厂拥有职工 400 人，其中工程技术人员 50 人；固定资产原值 459.3 万元，主要生产设备 61 台，占地面积 24492 平方米，建筑面积 27567 平方米，其中生产建筑面积 17889 平方米，全年完成工业总产值 554.4 万元，实现利税 46.8 万元。当年，重庆电表厂曾经是一家产品门类齐全、品种较多的著名的仪器仪表制造厂家。

① 改制后的重庆电表厂标牌名称
② 重庆电表厂家属楼
③ 重庆电表厂生产车间一角
④ 重庆电表厂家属楼
⑤ 重庆电表厂厂区环境

⑤

第21节 重庆市南岸电线厂

重庆市南岸电线厂组建于 1966 年，其前身是一家街道企业，叫作南岸区红卫电线厂，1979 年更名为"重庆市南岸电线厂"，划归南岸区工业局领导，1982 年隶属于重庆市机械局；系国家机械部定点生产橡皮绝缘电线的专业生产厂家。1981 年其花线产品在全国同行业质评中获第二名，并获重庆市优质产品称号。

"该厂 1968 年才正式投产，当年只生产了花电线 83 千米；1970 年皮线产品试制成功，1971 年生产皮线 604

①

① 重庆市南岸电线厂
大门
② 重庆市南岸电线厂
工厂遗址
③ 重庆市南岸电线厂
地址指示牌
④ 重庆市南岸电线厂
职工住宅

①

②

千米，1985 年开发试制了新产品总编线和橡套线。"留守门卫如斯告诉我们："建厂以来的 22 年，我们厂累计完成工业总产值 1.2 亿元，向国家上缴利税 1500 万元，生产花线 45.58 万千米，皮线 12.92 万千米。"

1988 年，该厂拥有职工 479 人，其中工程技术人员 18 人，固定资产原值 407 万元，主要生产设备 164 台，厂区占地面积 13607 平方米，其中生产建面 9638.76 平方米，全年完成工业总产值 391 万元，实现利润 13.7 万元，生产花线 15144.1 千米，皮线 6117.86 千米。在我接触过的几十家街道工业中，南岸电线厂真的算是做得非常好的了。

① 重庆市南岸电线厂生活小区
② 重庆市南岸电线厂职工宿舍

第22节　重庆第三棉纺织厂

我的表叔王旭灿是重庆第三棉纺织厂子弟校的一位语文老师，一次他带我从朝天门乘轮渡到窍角沱，爬了很长一段斜坡，才到了他们的子弟校。子弟校有三层人工平整出来的坝子：第一层坝子，大门两边是老师的办公室和教研组办公室；第二层和第三层，都是教室，学生密密麻麻的，多得不得了。

重庆第三棉纺织厂在当地被人简称为"重棉三厂"，其前身是民国八年（1919年）在武汉创建的裕华纺织公

第三棉纺织厂遗址

司，抗战全面爆发后的1938年，搬迁到了南岸窍角沱。民国三十五年，裕华纺织公司迁回汉口，在重庆的工厂叫裕华纺织有限公司渝厂。

1953年8月，该厂与国营615厂合并。1955年，南岸织布厂、维昌纱厂、落棉加工厂先后并入。1966年，改名为"重庆红卫纺织厂"，1970年3月，改称"重庆第三棉纺织厂"。

三线建设之前，该厂拥有开纱机39340锭，布机250台，年产棉纱3000吨，棉布25838米。三线建设之后，国家先后投资3247万元。至1985年，该厂拥有纺机58924锭，捻线机11648锭，气纺机400锭，自动织布机1384台；固定资产原值3347万元，净值1400万元。

1985年有职工5289人，棉纺总产量8765吨，产棉布3563万米，捻线1678吨，总产值7966万元。1981—1985年，重庆第三棉纺织厂出口创汇1397万元。1989年该厂创利税为1164万元。

① 第三棉纺织厂原址
② 第三棉纺织厂原址

第23节　重庆苎麻纺织总厂

重庆苎麻纺织总厂位于重庆市南岸区弹子石苗背沱。该地又被当地人叫作猫背沱，或者苗儿沱。

该厂于民国二十八年（1939年）兴办，定名"西南化学工业制造厂"，主要生产白碱、甘油、硬脂酸等产品，次年开始试验苎麻脱新工艺，取得成功，并进行小批量生产，为苎麻纺织工艺奠定了坚实的基础。抗日战争胜利后，该厂难于维持简单再生产，于1948年全部停产。

1950年，该厂改名"西南麻纺织厂"，并很快恢复了

苎麻纺织总厂原址

生产。主要生产落麻、精干麻。1955年公私合营，改名"重庆麻纺织厂"，职工增至101人，企业资金总额为20.1万元。

三线建设及随后的三线调整时期，国家累计投资7846万元，建成了生产苎麻混纺织布260万米的生产线。至1985年，该厂占地面积9.5万平方米，形成固定资产原值2451万元，净值1947万元，职工增至2289人，总产值2446万元。

1986年之后，该厂又新增固定资产和技改投资1550万元，进一步完善了脱胶、梳纺、织造3个车间的自动化设备和生产工艺，形成从苎麻到苎麻纺织品的综合型生产体系，产品规格齐全，出口和内销逐年增加。

1989年，有职工3250人，固定资产原值3897万元，净值2817万元，工业总产值4016万元，其中出口品产值1896万元创汇1250万元。

① 苎麻纺织总厂原址
② 苎麻纺织总厂原址

第24节　重庆第二印染厂

重庆第二印染厂始建于民国二十八年（1939年），原名永昌雨布厂，民国三十一年投产。

1956年，与五星染厂、协丰染厂合并，组成公私合营重庆防雨篷布厂后，迁至南岸弹子石猫背沱。1972年改为"重庆第二印染厂"。三线建设及后来的三线调整过程中，国家累计投资2477万元，为其新建厂房3.14万平方米，企业占地面积4.7万平方米，系隶属于重庆市纺织工业局，是一家很不错的中二型国营企业。

第二印染厂原址

①

②

① 第二印染厂原址
② 第二印染厂原址
③ 第二印染厂原址

1978 年，重庆第二印染厂不断改革印染工艺，增添自动化生产设备，先后引进"山杰特"四火口烧毛机，L–KOX二层型炼漂联合机、罐式蒸呢机、溢流染色剂和 RXX340 型多功能电光机等先进设备，形成了具有漂炼、染色、印花、后整理等较为完整的现代化印染生产体系。1985 年，该厂有职工 1059 人，固定资产原值 2426 万元，净值 1947 万元，总产值 5865 万元，利税 333.8 万元。

　　1986—1989 年，国家再次投资 10905 万元，进一步完善了生产配套设施，形成了涤、维、纯棉低弹性长丝和防雨篷布两条印染生产线，生产能力（包括印染、大整理）增加至年产 4500 万米。1989 年，该厂拥有各式专用设备 75 台（套），动力机总能力为 8770 千瓦。形成固定资产原值 3396 万元，净值 2392 万元，总产值 4441 万元，利税总额 250 万元，时有职工 1550 人。

③

第25节　重庆制革厂

2021年12月14日，我们重庆三线两会组团到南岸区的南滨路，逆长江上行，看到一幢又一幢的"三线灰"和"三线红"，标准的五六十年代的建筑。这是什么地方呢？我在心里自己问自己，并决定在今天的考察调研计划完成之后，再加班，来个"回头看"。结果，这里居然是我们拟定中的重庆制革厂。

改革开放前，含重庆在内的四川地区是全国的皮革资源集散地，猪皮、牛皮多如牛毛。

①

重庆制革厂系国营中型
企业，隶属于重庆市轻工局，
具体位置在南岸大佛寺的求新
村。虽然该厂早已破产，但其
厂房和家属宿舍都还保存得比
较完整。

　　该厂始建于民国十年（1921
年），原名川威制革厂。在私营
时期，该厂系用手工硝制皮革，
劳动强度大，生产设备落后，
企业发展缓慢。

　　在热兵器时代，皮革作为
战略物资是必不可少的。三线
建设时期，国家先后投资 1668
万元，让重庆制革厂新建厂房，
增添先进设备，改革硝制工艺，
使其产品逐渐增多，质量也得
以不断提高。1966 年，该厂开
始向苏联出口优质皮革。1983
年，如日中天的重庆制革厂被
上级领导一分为三：重庆制革
厂、川威制革厂和重庆羊皮制
革厂。1985 年，3 个厂共有固
定资产原值 1646.5 万元，净值
1278.5 万元，职工 1227 人，总

① 重庆制革厂周边环境
② 重庆制革厂家属区
③ 重庆制革厂家属区

重庆制革厂家属区

产值 1658.8 万元，利润 252.9 万元。

1986 年至 1988 年，国家再一次投入技改资金 300 万元。推出薄、轻、软的新潮服装革、鞋面革、手套革、包件革等 40 余个新品种，3000 多个花色，出口产品一直保持在总产量的 40% 左右。

1989 年，三厂合一，占地 8.04 万平方米，建筑面积 6.29 万平方米。拥有各类制革设备 260 多台套，其中进口设备 19 台套，时有职工 1235 人；生产轻革 66.4 万平方米，重革 636 吨，总产值 1291 万元，实际亏损 578 万元。

第26节 重庆合成纤维厂

飞机轮胎不是用普通橡胶做的，而是性能更优、人工合成的氯丁橡胶；同样的，军队使用的降落伞，也不是使用丝绸制品，更多的是合成纤维。重庆合成纤维厂的使命，更多的是军品生产。

重庆合成纤维厂地处南岸区下浩的觉林寺地段，隶属于重庆市纺织工业局。1966年，由上海合成纤维研究所第九实验室工厂迁来重庆，与原南岸重庆新民牙刷厂卡勃龙车间合并而成，组建了这家专业生产合成纤维的工厂，时

重庆合成纤维厂大门

有职工 444 人。

建厂初期，年产绵纶长丝 100 吨，工业总产值 200 万元，年创利税 24 万元。1970 年至 1985 年，国家累计投资 682 万元。

1985 年，固定资产原值 492 万元，净值 202 万元，职工 728 人，年产涤、绵纶长丝达 918 吨，总产值 1509 万元，创利税 328 万元。以后 4 年中，国家又投入 3626 万元，从联邦德国、日本引进绵纶长丝高速生产线，为重庆市纺织工业的重点建设项目之一。

新的引进项目于 1989 年 12 月建成投入运行，1989 年形成固定资产原值 1592 万元，净值 1059 万元，时有职工 986 人，涤、绵纶长丝和低弹丝总产量为 1126 吨，总产值 2315 万元，比 1985 年增长了 53.4%。

重庆合成纤维厂的名优产品：277.8dtex 绵纶长丝，1985 年获国家银奖；50dtex 绵纶长丝，1988 年获重庆市优质产品称号。

① 重庆合成纤维厂生产区
② 重庆合成纤维厂综合楼
③ 重庆合成纤维厂职工家属楼
④ 重庆合成纤维厂地标

④

第27节　重庆第三针织厂

南岸区的国营涂山煤矿停采后，即转产针织品，定名为重庆第三针织厂。

这家工厂坐落于南岸区海棠溪向家坝，是一家隶属于重庆市纺织工业局的中型国营针织品生产企业。当年该厂利用国家拨给他们的 60 万元煤矿停撤费用和 100 万元企业贷款转产针织品，实行了边基建、边培训，一年内就建成了织造、缝制、印花车间，并分期投入了生产。

1980 年至 1985 年，国家又投资 534 万元，从联邦德

①

国、日本、意大利等国引进了新的现代化生产设备,使其产能得以进一步扩大,生产迅速发展,产值、利润、税收成倍增加。1985 年,该厂的固定资产达到了 363 人,净值 303 万元,职工 550 人,总产值 808 万元,利润总额 107 万元。成为当时煤炭行业资源枯竭转型发展的一个样板。

1986 年至 1989 年,国家再次投资 1240 万元,对其主要产成品进行调整:汗衫、背心、棉毛衫裤 281 万件,涤盖棉运动装、服装 143 万件,总产值 2222 万元。短短四年时间,年产值平均增长率为 28.78%,创利税 603 万元。1989 年 9 月该厂被评为四川省级先进企业。

① 重庆第三针织厂遗址
② 重庆第三针织厂原址
③ 重庆第三针织厂厂区道路

第28节　国营南岸皮革厂

国营南岸皮革厂创建于1950年，原先是一家由失业皮鞋工人组织起来的生产自救组织，它们先后为支援进军西藏和抗美援朝，完成了一批来料加工的军需皮鞋。1959

年，又采用极简易的手工工具，完成了一批苏联债务的各式男、女皮鞋。因保质保量提前完成国家计划，受到重庆市委、市府的表扬奖励，继而由南岸皮鞋生产合作社转为

① 被改造成为学校的国营南岸皮革厂
② 国营南岸皮革厂原址
③ 国营南岸皮革厂原址

国营南岸皮革厂。

三线时期的企业都有一个特点，自力更生、勤俭节约、艰苦奋斗，国营南岸皮革厂做得非常到位，提出了"八个一"的企业精神。创造了节约一厘钱、一分钟、一寸皮、一线革、一螺钉、一截线、一线胶、一度电的管理制度。1965年，被中央工交工作会议命名为全国70个"大庆式企业"之一。

经三线建设的扩能技改后，该厂建立了4条机械化生产流水线，另有炼胶、压底、空压、蒸缸等自制设备34台。1983年，该厂拥有职工737人，固定资产原值308.5万元，净值221.5万元，年产军民皮鞋80万双，完成工业生产总值1020.7万元，利润71.6万元，上缴利税99.3万元。

国营南岸皮革厂原址

第29节　重庆帆布厂

20世纪70年代末80年代初，我在南岸生活了整整十年。那时候隔壁邻居有一位南岸区委的女性中层干部，她的驻点单位就是包括团山堡在内的南岸罗家坝，她告诉我说："罗家坝主要有重庆帆布厂、重庆翻胎厂、重庆长江化工厂几个单位，经济上比不上弹子石和上新街的工厂。"

所谓帆布，是一种较粗厚的棉织物或麻织物，因最初用于船帆而得名。帆布具有良好的防水性能，且结实和耐用，多用于汽车运输和露天仓库的遮盖以及野外帐篷。包

重庆帆布厂原址

括军队用来防辐射作屏蔽、军用背包、子弹袋等，特别是在20世纪六七十年代，军绿色的帆布挎包，几乎成为人人一只的时尚潮品。

2022年4月12日，重庆三线两会组团来到了南岸区罗家坝，找了大半天的"人证"，方寻找到一名快80岁的老同志。他告诉我们：80年代中后期，这个企业都还是很不错的。1985年这家厂有在册职工662人，固定资产原值321.68万元，销售收入1264万元，实现利润75万元。不知道什么原因，再后来就搞垮了。

重庆帆布厂原址

第30节 四川省重庆水泥厂

说起四川省重庆水泥厂，我有三个很深的印象：其一，我在南岸上新街住了 10 年，每天上下班都要经过南岸的福利社。在这个站上下车的人特别多，因为离站不远处就是重庆水泥厂；其二，去年"跑三线"，到过广安地区的渠江水泥厂，这座水泥厂就是从重庆水泥厂搬过来的第四条生产线；其三，重庆水泥厂原来的销售科长，据说去香港继承了一大笔遗产，回来开发了一大片房地产，发了大财。

被开发了的四川省重庆水泥厂第一厂址

2021 年 12 月 10 日，我微信联系了重庆三线两会著名钢笔画师魏全生同志，他退休前就是重庆水泥厂子弟校的老师。我们相约首先去原重庆水泥厂的子弟校。这座学校的校领导热情接待了我们，并拿出了一本《四川省重庆水泥厂志》，详细地给我们介绍了这家厂和这座学校建设以来的基本情况。

民国二十四年（1935 年），由宁芷林、吴爱彤、何佰衡、胡仲定、潘昌犹、康心如、卢作孚等 7 人发起，组建了四川水泥股份有限公司，集资法币 200 万元，其中重庆行辕（编者注：民国时期一级指挥机构的名称）投资 24 万元，官股占 12%。民国二十六年水泥厂建成投产。生产主机由丹麦史密斯公司制造。若这些设备能完好地保存下来，申报全国工业文化遗产名录，是一点问题都没有的。

建厂初期，这家厂的设计能力是年产 4.5 万吨普通硅酸盐水泥，其年产量占到了当时全国水泥总量的 4.5%，产品商标定为"川牌"。因抗日战争爆发，军需民用，水泥需求量非常大，企业获利甚丰。其后水泥售价受限，通货膨胀，产品滞销，资金周转不灵，实力渐衰。1949 年 6 月，因资不抵债，企业宣布破产。

从 1937 年至 1949 年，该厂共生产水泥 24 万吨，平均年产量为 1.85 万吨上下。

该厂 1950 年 4 月由重庆市军管会接管，定性为公私合营企业。经过债务清理，负债 60 余万元，由政府全部接收。1952 年 7 月 1 日，四川水泥股份有限公司终止，建立四川省重庆水泥厂。除原来的一条生产线之外，1953 年，该厂建成了第二条生产线，其水泥年产量增至 20 万吨。

1964 年三线建设开始后，重庆地区成了三线建设重点之中的重点，开建了大量的国防大三线项目，加上地方上配套

① 朱颜已改的水泥厂子弟校
② 朱颜已改的水泥厂子弟校
③ 巴南第二厂址生产车间

③

巴南第二厂址生产车间

的小三线、民用三线，其指令性计划一加再加。对此国家累计投资 7863 万元，对四川省重庆水泥厂进行技术改造，以进一步扩大其生产能力。1970 年，经过工艺改造和配套扩建，形成了第三条生产线，水泥年产量增加至 30 万吨。1980 年再次扩建，水泥年产量达到了 40 万吨。

这家厂的领导班子是很有眼光的，他们于 1983 年在南岸区的文峰乡七孔坝新建了一座石灰石矿山，年产石灰石 40 万吨。这不仅保障了自己厂子生产原料的来源，而且为改革开放之后的"大基建"留下了广阔的发展空间。

1985 年，该厂固定资产原值 6796 万元，净值 3983 万元，总产值 2529 万元，时有职工 3456 人。1989 年，全厂固定资产原值 7752 万元，净值 3571 万元，职工 3491 人，水泥产量 42.9 万吨，总产值 2334 万元。该厂主要生产普通硅酸盐水泥、矿渣水泥、油井水泥，高抗硫酸水泥，快硬水泥等共 10 多个品种和标号。

四川省重庆水泥厂的矿渣水泥，1979 年被评为四川省优质产品，1983 年评为国家建材局的优质产品；75℃油井水泥，1985 年获重庆市优质产品光荣称号。

第31节 重庆猪鬃厂

2021年12月9日，我们走进了位于南岸区下浩涂山路的重庆猪鬃厂。该厂原隶属于重庆市进出口公司，专业生产猪鬃制品。

猪鬃是指猪颈部和背脊部生长的5厘米以上的刚毛。它刚韧富有弹性，不易变形，耐潮湿，不受冷热影响。猪鬃的主要用途是做日用刷、油漆刷、机器刷等，是工业和军需用刷的主要原料。它是我国传统的出口物资，出口量占世界第一位。

重庆猪鬃厂遗址

在一般人看来，猪鬃不过是从猪身上拔下来做刷子的毛，很难将它与战争联系在一起，但在第二次世界大战中，作为战略物资的猪鬃，交战双方都是极力搜罗。

1958年，重庆畜产品公司接管南岸区的第一、第二、第三制鬃合作社，组建了重庆漂鬃厂。建厂初期，该厂负责加工水洗、漂白、水煮3大系列产品，生产能力逐年扩大，但其生产规模和产量还是十分有限。

三线建设开始后，国家先后投资192.1万元，企业占地增至1.07万平方米，房屋建面1.27万平方米，猪鬃年产能力4000箱左右。1985年，该厂形成了固定资产原值166.9万元，净值120.1万元，职工217人，总产值240.7万元，利税27万元。出口创汇493万元。1985年，生产的猪鬃均以"中国猪鬃"名称在国际市场上销售。

这以后的再4年，该厂又新增投资178.7万元，提高产能至年产能力1万箱，并恢复了原来使用过的"虎牌"商标，在国际市场上更享盛誉。

"虎牌"商标由世界著名"猪鬃大王"古耕虞所创，其旗下四川畜产股份有限公司的"虎牌"猪鬃自20世纪30年代起，出口量达到全国猪鬃出口总量的85%以上，几乎垄断了世界猪鬃市场。

1989年，重庆猪鬃厂有固定资产336万元，净值254万元，职工220人，总产值616万元，利税92万元，出口产品产值760万元。其优质产品"虎牌"水煮猪鬃，1987年获重庆市优质产品；"虎牌"漂白猪鬃，1989年获重庆市优质产品证书。

① 重庆猪鬃厂遗址
② 重庆猪鬃厂遗址
③ 重庆猪鬃厂遗址
④ 重庆猪鬃厂遗址

第32节　重庆东方试剂厂

重庆东方试剂厂是三线建设时期，国家化工部在重庆布局的一家为国防工业配套的中型国营企业，以生产化学试剂和化工监测为主。原名东方红化学试剂厂。1970年筹建，次年10月投产。1985年改名为"重庆东方试剂厂"，隶属于重庆市化工局。我担任重庆制药机械厂的销售科长时，曾经给它供应过搪玻璃蒸发锅，只知道它在南岸的纳溪沟，但从来没有去过。

从建厂至1985年，国家累计投资该厂1601万元，其

①

① 重庆东方试剂厂原址
② 重庆东方试剂厂厂区道路
③ 重庆东方试剂厂原址

重庆东方试剂厂原址

工厂占地面积为 10.4 万平方米，拥有高纯净实验室用房和较为完善的光普、色普、原子吸收等精密仪器，代表重庆市化工局承担着重庆市化工产品、化学试剂鉴定和环境监测等相关事宜。

重庆东方试剂厂先后生产化学试剂、医药中间体、临床试验剂、磁性记录材料、快速电镀液等 400 多个品种，并为我国的人造地球卫星提供过高纯氧化硼，为银河亿次电子计算机试制提供过水溶型光致抗蚀感光膜，以及为彩色显像管生产提供过精制硫黄。

1985 年，该厂总产值为 1172 万元。1989 年，有职工 430 人，固定资产原值 1268 万元，净值 885 万元，总产值 1500 万元。主要产品：各种纯化学剂产量 7000 吨，水溶性光致抗蚀感光膜年产量 19900 平方米，精制硫黄 100 吨。

重庆东方试剂厂的名优产品：21 水溶型光致抗蚀感光膜，1988 年获得国家经委优秀产品奖；精制硫黄，1988 年获重庆市优质产品奖。

第33节 重庆江南化工厂

1981年上半年，我在西南制药二厂实习时，靠近我们维C后工段不远，在西南制药二厂往纳溪沟方向转弯处，就是重庆江南化工厂。

在三线建设前，这个厂很小，全厂仅有职工46人，年产铬黄不足100吨（所以又叫"重庆铬黄厂"）。工业总产值只有49万元。

铬黄是一种黄色单斜晶体的无机盐，主要用于油漆、油墨、塑料、橡胶等行业。

重庆江南化工厂原址

三线建设及三线建设调整期间的1965年至1985年，国家累计投资了659万元，重庆江南化工厂先后建成草酸、醋酸铅等生产车间，使其工厂的颜料产品增多，柠檬酸、中铬黄、钼铬黄等产品陆续投产，总产量达到了1000吨，其产值为1021万元，利润67万元，时有职工469人，固定资产原值346万元，净值236万元。

三线建设调整时期的1986—1989年，国家对其新增投资625万元，增加固定资产原值到903万元，净值715万元，主产铬黄1500吨，草酸600吨，工业总产值1344万元，创造利润150万元。它的名优产品中铬黄，1987年获重庆市优质产品称号。

① 重庆江南化工厂原址
② 重庆江南化工厂原址

第34节 重庆长江化工厂

重庆长江化工厂系"三线建设"时期国家化工部布局的重点技改扩能企业，它隶属于重庆市化工局。它是西南地区最大的硬脂酸、硬脂酸盐系列，盐基铅盐系列生产基地。1985年，有职工520人，固定资产原值768万元，净值541万元。硬脂酸产量为1831吨，系一家经营得不错的国家中二型国营化工企业。

重庆长江化工厂的前身，为民国十六年（1927年）张席珍创办的普艳化学工厂。原来主要生产香水、牙膏、牙

重庆长江化工厂家属区

重庆长江化工厂住宅楼

粉等日用化学品。民国三十二年，由主城区迁到南岸罗家坝，开始生产三压硬脂酸、甘油、肥皂等产品，硬脂酸最高年产量为30吨。1948年停业，1950年6月复业。1956年公私合营，定名为"重庆长江化工厂"。1957年，工业总产值192.9万元。三线建设开始至1985年，国家累计投资812万元，先后扩建厂房2.35万平方米，企业占地面积3.99万平方米。

重庆长江化工厂的主要产品三盐基硫酸铅，1985年

获重庆市优质产品称号，1989年获化工部优质产品称号；单宁酸，1985年获重庆市优质产品称号；800型硬脂酸，1987年获重庆市优质产品称号；硬脂酸铅，1986年、1989年获重庆市优质产品称号。

该厂1989年有职工654人，固定资产原值1239万元，净值774万元，主产硬脂酸2177吨，硬脂酸盐类840吨，三盐基硫酸铅1128吨，总产值2512万元。同年被评为四川省级先进企业。

第35节　重庆川东化工厂

重庆川东化工厂位于重庆市南岸区白沙沱，始建于1955年。该厂的前身系重庆市市中区文娱用品生产合作社，以纸牌为主要产品。1958年转产化工产品，更名为"勤俭化工厂"。三线建设前，该厂主要是采用土法生产、手工操作的方式生产硫酸铝，后来采用粉铝矿半机械化常压反应法生产，使硫酸铝年产量由1960年的每年221吨，逐步提到了三线建设技改扩能之后的3543吨。

三线建设开展之后，该厂的另两个主要产品是磺化煤

和磷酸。磺化煤在 1964 年的年产量只有 100 余吨，后来建成较先进的磺化煤装置后，1985 年的年产量达到了 1244 吨。该厂的磷酸是以黄磷为原料生产的，从 1980 年，年产量 458 吨，到 1985 年，年产量已经达到了 1244 吨。除以上产品之外，该厂还生产稀盐酸、磷酸二氢钾以及止痒生发灵、冰箱除臭剂、驱蚊灵、空气清洁剂等日用化工产品。

1985 年，该厂占地 7 万余平方米，建筑面积 2.1 万平方米，有职工 379 人，工业总产值 580 万元，固定资产原值 283 万元，净值 162 万元。因环保问题，发展成如今的川东化工集团之后，该厂的生产基地业已转移到四川、贵州、广西的边远地区去了。

① 重庆川东化工厂沧桑
② 重庆川东化工厂家属区
③ 重庆川东化工厂家属区
④ 重庆川东化工厂遗址
⑤ 重庆川东化工厂现址
⑥ 重庆川东化工厂现址

⑤

⑥

第36节　重庆长江橡胶厂

重庆长江橡胶厂始建于1965年，是化工部根据三线建设的需要，投资新建的西南地区规模最大的生产军工橡胶制品和民用橡胶杂品为主的国家大二型企业。现已迁建于南岸区长江工业园江迎路15号，总占面积6.6万平方米，

生产用房建面10万平方米，目前拥有8个具有产品相对独立的生产分厂，1个具有国内较强实力的橡胶制品研究所，资产总额为1.86亿元的经济实体。

1965年，化工部将上海橡胶制品四厂救生艇生产车

①

① 现今的长橡小区
② 历史的标注
③ 历史风情区
④ 长橡家居小区

①

②

间悉数迁入重庆长江橡胶厂，当年即接受军队订货，生产了QJT-5型气胀式五人救生艇800余条。除此之外，还生产了航空单人救生艇，水上六人救生艇。1966—1985年，累计生产了各型救生艇9925只。从1968年起，该厂生产的各类救生艇均为免检产品。

60年代初，上海橡胶制品三厂试制成功了独家生产的橡胶导风筒。该产品主要用于矿井巷道鼓风机常压近距离通风，取代了以往的金属通风筒。1965年，该厂迁重庆，组建入长江橡胶厂。在具体的生产过程中，经过几次较大的工艺技术改进，该厂推陈出新，开发出防静电阻燃导风筒和各种异径导风筒近60万条。

1966年，重庆长江橡胶厂接受了试制真空水压胶袋（水袋）系列产品的任务。这种产品要求在内部抽真空，外部水压每平方厘米18千克，水温100摄氏度，容积1000升的情况下，能反复使用多次且不透水。其主要用于防化部队之装备。于1966年试制成功，投入生产，至1985年共生产了 4437 只。

1969 年，国家燃化部安排重庆长江橡胶厂试制防毒衣。1970 年，该厂建成年产 5 万套防毒衣生产车间；至年底，生产出 66 型防毒衣 1600 套。这类防毒衣使用 107 细布，经过一面贴丁基胶的硫化胶布制成，能防止芥子气及其他生化物质对人体皮肤的伤害，随后的 66-1 防毒衣更有穿着迅速、贴身、保暖的特点。1972—1985 年共生产了 11.85 万套。

上海橡胶制品三厂随三线建设迁渝的绝缘胶布，以纤维织造物涂刮上绝缘胶料制作，主要用于 380 伏电压以下的导线包扎接头的绝缘，该厂 1985 年一个年度就生产了 450 万卷。

1986 年，该厂为"万里长江第一漂"活动研制出"中华勇士号"漂流船。

1989 年，该厂有职工 2251 人，总产值 4796 万元，创利税 979.4 万元。

① 第二厂址江迎路 15 号大门
② 第二厂址江迎路 15 号综合楼
③ 第二厂址江迎路 15 号厂区
④ 第二厂址江迎路 15 号厂房

第37节 重庆翻胎厂

翻胎是指把用过的轮胎进行翻新的一种生产行为，有冷翻、热翻和无模翻新生产工艺的差别。主流为冷翻工艺，其次为热翻工艺。其中载重轮胎 70% ～ 80% 采用冷翻形式，乘用轮胎和工程胎的少量以及飞机轮胎的大部分为热翻方法。

重庆翻胎厂隶属于重庆市交通局，是西南地区负责轮胎翻新的最大的国营企业。它的前身是 1944 年国民政府交通部战时运输管理局在南岸海棠溪建成的汽车轮胎翻修

①

厂。当时的投资是法币120万元，工人20人。1950年由西南军政委员会接管，改为西南区运输公司轮胎翻修厂。在三线建设前，该厂设备落后，年翻胎能力不足2万条。

三线建设开始后，国家累计投资695万元，引进了意大利硫化翻胎生产线，扩大生产能力5倍以上。

1985年，该厂有固定资产原值596万元，职工421人，总产值1196万元，利润44万元。1985年，该厂的硫化翻胎获国家科技技术二等奖；1989年，翻新子午线轮胎获重庆市科技进步二等奖。

① 重庆翻胎厂原址
② 重庆翻胎厂原址

②

第38节 重庆朝阳化工厂

重庆朝阳化工厂原为重庆化学工业公司的一个基建队，1969 年，重庆市化学工业公司报经重庆市革命委员会批准，同意该基建队转向化工生产，并定名为"重庆朝阳化工厂"。同年，由重庆市化学工业公司按技措投资拨款33.1 万元，向原四川省石油局合川化工厂价购年产 150 吨癸二酸的全套生产设备，于年底安装完毕，并于 1970 年 9 月正式投入生产。

癸二酸是生产尼龙"610""1010""9"等主要原料，

① 重庆朝阳化工厂原址
② 化工厂废弃的设备
③ 化工厂废弃的设备
④ 重庆朝阳化工厂原址
⑤ 重庆朝阳化工厂家属楼

也可作为癸二酸二辛酯类塑剂及耐高温润滑油的原料。其生产方法是以蓖麻油为原料，在催化剂的作用下，加热进行水解，生产蓖麻油酸；再加碱进行裂解，用硫酸中和，活性炭脱色；再经酸化、结晶、脱水、干燥，得到成品癸二酸。癸二酸的副产物有混合脂肪酸、粗甘油及仲辛醇。

重庆朝阳化工厂主要设备有碳钢衬铅水解锅1台，裂解釜2台，中和锅2台，脱色釜1台，不锈钢酸化锅2台，不锈钢离心机1台。该装置形成了一条完整的产业化生产线。从1970年至1985年，该厂共生产了癸二酸920.38吨，产值1012万元，上缴税金101.2万元。该产品大部分用作自产癸二辛（丁）酯的原料。

重庆朝阳化工厂原址

第39节 重庆化学试剂厂

原厂址在重庆市南岸区长江村的重庆化学试剂厂，是以生产化学试剂、精细化工产品为主的中型国营企业，隶属于重庆市化学工业局。

1956年，由新光、胜亚等7家私营油厂和江南、蜀华、

天伦等18家制皂厂，合并而成为公私合营重庆润滑油厂，它又先后将南岸化工厂、南岸炼油厂并入。1961年3月，与重庆苏家坝炼油厂合并，同时并入的还有市中区炼油厂和江北区炼油厂。次年更名为"重庆炼油厂"，主要以天

重庆化学试剂厂遗址

①

②

然气、油渣为原料，加工生产润滑油、润滑脂以及汽油、煤油、轻质柴油和工业用凡士林等产品，年产量为 500 吨。

三线建设开始后的 1965 年，按照上级主管部门安排，重庆炼油厂转产化学试剂，并更名为"重庆化学试剂厂"。到三线调整时的 1985 年，国家先后累计投资 1051 万元，形成了固定资产原值 782 万元，净值 499 万元，企业占地面积 8.3 万平方米，年工业总产值 739 万元，创利税 136 万元，时有正式职工 608 人。

1986 年至 1989 年，又新增技改投资 104 万元。至此，重庆化学试剂厂的化学试剂及精细化工产品业已达到了 3000 吨上下。主要产品有各种酸、碱、盐、氧化物类化学试剂 460 种，其中有机物化学试剂 100 余种，并产业化开发生产出三十烷醇、820 清洁剂、电镀铬合添加剂、纺织印染助剂等产品 40 多种，在工农业和国防科研领域得以广泛应用。

1989 年，时有员工 620 人，

固定资产原值 843 万元，净值 400 万元，年工业总产值 1250 万元，创利税 100 万元。它生产的化学试剂亚硝酸钠、酒石酸钾钠，1979 年被确认达到世界王牌试剂之一的德国"依默克"的质量水平。

③

① 重庆化学试剂厂遗址
② 重庆化学试剂厂遗址
③ 重庆化学试剂厂遗址

第40节　重庆香料厂

重庆香料厂的前身是南岸化工厂生产煤炭化工产品的一个车间，因外贸市场的需要，由重庆外贸公司承付预付款，地处南岸区黄桷垭的四川省日用化学工业研究所提供技术，供销社负责组织南岸南山、北碚静观两个公社的社员种植蜡梅，从而开始了香料的产业化生产。

1993 年 9 月，四川辞书出版社出版的《四川省志·轻工业志》第 172 页介绍：为加快四川香料工业的发展，省轻工业厅于 1979 年在成都召开全省香料工业会议，制定

①

出全省香料工业"六五"规划。据此会议精神，重庆市相关领导决定，将原南岸化工厂的化工车间，于1980年划出，独立成为重庆香料厂。

重庆香料厂自创建以来，便开始了依靠四川省日用化学工业研究所等科研院所，对日化和食用香精进行了系统研究和合成试制。除加工外贸出口消费得起的植物提取香精之外，还使用自己负责研发的食用香精，且达到了能生产花生、芝麻、可可等籽仁香味；牛、猪、鸡（精）等肉类香味；蟹、虾等海鲜味以及蔬菜、烤烘等香味等系列产品。

重庆香料厂生产的"绿叶牌"葱油香精，1985年还获得了四川省优秀新产品奖。

① 重庆香料厂办公楼
② 重庆香料厂遗址
③ 重庆香料厂生产车间

第41节　西南制药二厂

　　地处南岸区弹子石新街的西南制药二厂，是一家生产化学合成原料药为主的大型国营医药企业，隶属于重庆市医药局。

　　1958年，该厂从沙坪坝的西南制药厂分迁过来，并与原公私合营兴化制药厂共同组建而成西南制药三分厂，次年改为西南制药二分厂。

　　三线建设开始后的1964年10月，化工部在重庆召开了全国化工三线建设工作会。会议审议并通过了"重庆地

区规划小组"提出来的，决定把上海第二制药厂的局部麻醉药·盐酸普鲁卡因车间迁入重庆，与西南制药二厂合并。整个三线建设时期，国家累计投资了 1926 万元，逐步建立了 6 个生产车间和 1 个辅助车间，建有用水、电设施和氢氧生产站，工厂占地面积为 9.45 万平方米。

1980 年夏天的一个晚上，我在西南制药二厂的维生素 C 车间后工段实习。中班与晚班交班时，车间书记杨正安亲临现场作了交代，后半夜生产上遇到一点小问题，周明组长一个电话过去，从北京支援三线过来的车间主任赵迪欣二话不说，不多一会儿就过来且很快解决了问题……

赵迪欣的丈夫是西南制药二厂的技术科长，他俩共同育有两个儿子，因当时弹子石的 11 中学校还没有发展起来，他俩工作忙，也没有时间辅导孩

① 弹子石老厂区原址
② 弹子石的家属区
③ 弹子石的家属区

②

③

①

子的学习，最后两个孩子都没有考上大学。他俩退休后都返回了北京。这是我亲历的"献了终身献子孙"的一个鲜活的范例。

当时该厂的维生素 C 是全国最先采用黑醋菌和甲单胞子菌二次发酵生产的原料药，非常抢手，利润十分丰厚。

从毕业分配到后来退休，我的妻子一直在西南制药二厂工作。该厂生产的原料药，1985 年主要有维生素 C，年产 2000 吨；磷酸氯喹，年产 100 吨；盐酸普鲁卡因，年生产 110 吨；其他原料药和中间体有5 大类 14 个品种。

1989 年，西南制药二厂职工 1487 人，固定资产原值 2689 万元，总产值 4319 万元，创利税 662 万元，创外汇 667 万元。

① 搬至江津的新厂区大门
② 搬至江津的新厂区生产区
③ 搬至江津的新厂区生产区
④ 搬至江津的新厂区办公楼

民生制药总厂重庆分厂、中法药厂重庆分厂均于民国二十七年（1938年），分别由武汉、上海内迁，建设于南岸上新街。1955年，两厂合营后，改为重庆民生制药厂。1956年，又与重庆协合制药厂、重庆华洋制药厂合并，组建成公私合营重庆制药厂。1970年改为重庆制药七厂。

三线建设之前，该厂生产能力小，主要加工生产人丹、金灵丹、清凉丹、头痛粉等传统时令药品；全厂职工也仅有300多一点。三线建设开始后，国家前后累计投入765

①

① 改制后的重庆制药
　七厂大门
② 老厂生活区
③ 老厂生活区
④ 老厂生活区

更名后的新厂厂区

万元,增加了企业的生产场地,至 2.76 万平方米,房屋建筑至 2.94 万平方米。该厂先后开发出片剂、胶囊剂、膏剂、酊剂等剂型,产品共 100 多种。其中,金灵丹获重庆市优质产品奖;肤轻松软膏,1985 年获国家医药局优质产品奖。

1985 年,重庆制药七厂的年产值为 2736 万元,利润总额 214 万元,固定资产原值 608 万元,净值 402 万元。年生产能力已达片剂 12 亿片、胶囊剂 4200 万粒、软膏剂 2000 万支等。1989 年,主要产品已达 10 个剂型,189 个品种,总产值 3009 万元,利润 280 万元,固定资产原值 1009 万元,净值 626 万元,时有职工 598 人。1988 年被评为四川省省级先进企业。

第43节　桐君阁药厂

　　厂址在南岸区海棠溪敦厚街的桐君阁药厂，是中国西南地区生产中成药的中型国营企业。我有大学、中学各3位同学在该厂工作，其中有党委书记，也有普通工人。

　　桐君阁药厂发祥于清光绪三十七年（1907年）桐君阁熟药房，在晚清和民国时期，即有"老牌桐君阁，精制中成药"的美誉。1951年，桐君阁与光华、胜利等4家药房合并，成立了桐君阁药厂，并迁至南岸区海棠溪。1958年11月，与地方国营庆余堂合并，成立国营桐君阁药厂。

桐君阁药厂

1970 年更名为重庆制药八厂。1979 年 4 月，恢复桐君阁药厂名称。

在解放前的 40 多年时间里，桐君阁广积民间验方和宫廷秘方，保持着传统的生产工艺，精心制作药品，在国内外市场有很好的名气且非常畅销。其名优产品有穿龙骨刺片、六神丸、川贝枇杷糖浆，1980、1982、1983 年获四川省优质产品奖；一粒止痛丹，1982 年获国家银质奖；天麻丸，1985 年获国家银质奖。

1949 年，该厂总产值只有 18 万元。至三线建设为止，生产能力都不高，设备比较陈旧，职工人数也不很多。三线建设开始后，国家先后投资了 1068 万元，新建厂房和辅助车间 4 万多平方米，拥有了原料加工、酊水糖浆、丸剂、片剂、四川白药、口服液等 7 个车间，生产能力得到空前的提高。

① 已被开发的老厂区
② 充满生机的新厂区
③ 充满生机的新厂区
④ 充满生机的新厂区
⑤ 充满生机的新厂区

①

②

1985年，该厂的年产值为1899万元。这之后的4年时间，该厂又新增固定资产投资331万元。1989年，该厂拥有职工954人，固定资产原值1409万元，净值736万元，总产值2708万元。

1987年1月，由桐君阁药厂、重庆中药材站等14家中药企业，联合组建成为全国第一家中药股份制企业——重庆中药股份有限公司。1996年2月8日，"重庆中药"在深交所上市，成为西部地区唯一的医药商业上市公司。1998年与太极集团资产重组，同年更名为"重庆桐君阁股份有限公司"，成为太极集团商业战略平台上的重要一环，百年老字号自此扬帆启航。2006年，荣登全国中华老字号前十强，是重庆市唯一一家"中华老字号"企业。"桐君阁"牌商标被评为国家驰名商标。

① 繁忙的桐君阁物流
② 繁忙的桐君阁物流

第44节　重庆卷烟厂

现在很多人做事都讲究"勾兑"什么的，这方面我应该是很多人的老师了。记得我在 10 岁的时候，为了在营山县的翠坪山弄几个梨子吃，我花了 8 分钱，在二姨的供销社买了一包重庆卷烟厂生产的白皮"经济"烟，送给那

个生产队长。至今为止，每当我看到梨子，都会想起重庆卷烟厂来。

重庆卷烟厂是重庆市隶属于中国烟草工业公司的唯一一家烟草加工大型国营企业，厂址在南岸区弹子石。

① 重庆卷烟厂办公楼
② 重庆卷烟厂遥望朝天门
③ 重庆卷烟厂生产车间
④ 重庆卷烟厂厂区环境
⑤ 重庆卷烟厂原址
⑥ 重庆卷烟厂原址

民国二十七年（1938年），由旅居南洋的简氏兄弟将在武汉开办的南洋烟草公司迁来南岸，定名为中国南洋兄弟烟草公司重庆制造厂。解放后，1951年先后并入大汉、大成、华福、新国、南明等6家私营卷烟厂，1956年组成公私合营南洋烟厂时，又将同成、建华烟厂并入，1968年改为重庆卷烟厂。

三线建设时期，国家累计为该厂投资了2644万元，进行技术改造扩能后，重庆卷烟厂占地面积9.5万平方米，房屋建筑面积9.46万平方米。三线调整时期，该厂新增投资3956万元，先后从国外引进先进的自动化生产线，形成了烤烟型、混合型、健康型三大产品系列。

1985年，该厂固定资产原值2306万元，净值1862万元，总产值19131万元，实现利税总额15283万元，年末职工2237人。1989年，该厂计有职工2946人。

第45节　重庆塑料三厂

重庆塑料三厂的厂址在南岸区玄坊庙立新村，隶属于重庆市轻工业局，是国家轻工部第一批塑料农地膜定点生产的中型国有企业，也是西南地区农地膜产量最大的生产厂家。

该厂于1952年由新民、坚固、心心等10余家私营企业和重庆市第二、第三牙刷生产合作社等单位组合而成，先是定名为"新民牙刷厂"，时有职工310人，主要生产骨柄牙刷。1955年，公私合营后转为生产塑料制品，改名

为"重庆新民塑料厂"。

全国三线建设开始后的 1965 年，该厂改名"重庆塑料三厂"，并进行了行业调整，为大农业服务，生产农膜，厂址也搬迁到了南岸的狮子山。其间，国家先后投资 634 万元，逐渐使其产量从无到有，从小到大，直至发展到生产高压聚乙烯、聚丙烯农膜的年产量达到 7000 吨及以上。此时，该厂已经引进了双层复合膜生产线及各种设备 170 台（套）。

1985 年，重庆塑料三厂的职工人数已达 568 人，固定资产原值 619 万元，总产值 979 万元。1986 年后又增加投资 457.1 万元，开始生产各种规格的塑料瓶、桶、箱、管、板材以及其他军需品及民用件，为轻工部生产军用弹药包装桶的定点单位。

1989 年，重庆塑料三厂时有职工 537 人，固定资产原值 1026 万元，净值 573 万元，年产聚乙烯薄膜 2591 吨，总产值 1069 万元。该厂生产的"银河牌"聚乙烯农地膜 1989 年获轻工部优质产品荣誉称号。

① 重庆塑料三厂原址
② 重庆塑料三厂原址

②

273

第46节 重庆印制五厂

地处重庆南岸区南坪的重庆印制五厂，系隶属于中国包装工业总公司的国营中型印制工业企业。1956年，由18个私营企业合并成立公私合营重庆金心印刷厂，厂址位于重庆市渝中区保安路273号，后改为地方国营重庆金心印刷厂，原曾隶属于重庆印刷工业公司。1962年至1964年期间，曾先后划归重庆市市中区工业局、重庆市工业局管理。三线建设开始后的1964年11月，该厂改名为"重庆印制五厂"。

①

1980 年，企业划归中国包装总公司直管。因场地受限，于现在的南岸区南坪东路 18 号新建工厂，进行系统性扩建和技术改造，使该企业占地达到了 1.5 万平方米，建筑面积达到了 2.44 万平方米。1983 年完成搬迁。主要设备有凹版轮转机、高速凸版印刷机、塑料挤出机和制凹版设备等 32 台（套），固定资产原值 2281 万元，净值 1753 万元，时有职工 651 人。同时从日本引进了当时处于世界领先水平的高自动化塑料包装印刷设备，成为当时全国行业内的佼佼者，年产值曾高达 2500 多万元。

1986 年至 1989 年，重庆印制五厂获奖产品共有 59 个，其中获国家级优质产品奖的有双庆茶叶袋、广柑晶复合袋、怪味花生袋、方便面复合袋、虎骨麝香膏袋、涪陵榨菜复合袋等 6 个。

1989 年其主要产品产量：凸印印刷 15784 万个、复合软包装袋 5523 万个，塑料单体袋 5137 万个，总产值为 2126 万元，创利税 335.6 万元。

① 重庆印制五厂遗址
② 重庆印制五厂遗址
③ 重庆印制五厂遗址

第47节 重庆茶厂

在我任重庆制药机械厂销售科长之前，任过几年厂团委书记兼厂劳动服务公司经理。为了解决企业职工子女就业问题，当时主厂拨了我10万元现金，建立了5个分支机构，其中一个是由曹天荣同志负责的"副食门市部"，里面有三样商品非常走俏：天府可乐、重庆啤酒和峨眉沱茶。

峨眉沱茶的全称叫作"峨眉牌"重庆沱茶，由重庆茶厂荣誉生产。二两为一饼，包装非常简单，我们厂七八百

①

① 重庆茶厂家属院
② 重庆茶厂遗址
③ 重庆茶厂遗址
④ 重庆茶厂遗址

①

职工，大凡喝茶的，都喜欢这个东西。体力劳动最强的铆焊车间铆三班，有10多个工友，不管是女工还是男工，都喜欢它。从厂长邰国臣，到书记谢儒元，喝的也是峨眉沱茶。当时重庆制药机械厂经济效益比较好，时不时地以劳保形式给全厂职工发6坨或一打(12坨)。曹天荣经常埋怨：峨眉沱茶根本不好批，搭售的滞销商品也很多。

重庆茶厂的厂址在南岸区的玄坛庙。它是西南地区最大的茶叶加工国营企业，也是全国加工精制茶叶出口的重要基地之一，隶属于中国茶叶土产进出口公司。1951年4月建厂，8月份投产，年产红茶98吨，工业总产值41万元，获利3万元，时有职工180人。

三线建设开始之后，国家先后投资了658.1万元，引进和特制了现代化的茶叶加工设备，采用传统工艺与现代科学技术相结合的生产管理手段，使其生产能力不断扩大。先后开发生产了绿茶、花茶、奶茶、

普洱茶、红碎茶等新产品。1983 年是它的产量最大化，达到了 5000 吨。

"峨眉牌"重庆沱茶、普洱茶、红碎茶远销欧洲、美洲、澳洲及东南亚等地的十多个国家和地区，被誉为"重庆的一张闪亮名片"。1985 年，该厂正式职工 462 人，固定资产原值 445 万元，净值 283 万元，总产值 994 万元，创造利润 28.5 万元。

1986 年至 1989 年，国家再次增加投资 300 万元，购置了先进的生产设备，使该厂具备了 7500 吨精制茶叶的生产能力。1989 年，企业占地面积 3.47 万平方米，房屋建面 4.12 万平方米。

重庆茶厂的名优产品"峨眉牌"重庆沱茶，1982 年获重庆市优质产品称号；1983 年 8 月在意大利罗马获第 22 届世界食品博览会金奖；1988 年获中国优质保健品"金鹤杯"奖和中国首届食品博览会金奖。

① 重庆茶厂风情街
② 重庆茶厂家属楼

第48节 玄坛庙码头及重庆港务局

　　原来的玄坛庙码头在南岸区的北部、长江的南岸、狮子山和弹子石之间，距朝天门中心港区 0.5 千米。1913 年，川路轮船公司在此购买了江岸上的土地修筑码头，修建仓库堆存货物，并设置趸船。1920 年，"福利"航业部在此开办航运业务，玄坛庙码头逐渐繁荣了起来。1940 年，重庆市轮渡公司开辟了朝天门至玄坛庙的轮渡航线。

　　解放后，玄坛庙修通了下河引道，海棠溪至弹子石公路与码头相连接。1960 年，重庆茶厂设绞车线 1 条，

长度 150 米，负荷量为 2 吨。
1984 年，码头石阶梯道延长
139 米，加宽至 3 米。三线建
设开始之后，为了"备战、备
荒、为人民"的需要，玄坛庙
码头修建了斜坡汽车下河道路，
码头长度 50 米，码头面高程
165.30 米；有泊位一个，能靠
泊 250 吨船舶，主要用于散杂
货物的起卸和运输。

为了探寻重庆塑料五厂和
重庆塑料三厂，我们于 2021 年
12 月 14 日、16 日、25 日三次
前往原来的玄坛庙遗址，在现
在的"阳光 100"小区后面，找
到了一大片 20 世纪六七十年代
三线建设时的建筑群，仔细一
打听，它原来是重庆港务局的
职工家属区。

重庆港务局是个什么样子
的单位，现在的年轻人根本就
不知道。重庆港务局的正式名
称是"重庆港务管理局"，隶属
于国务院交通部长江航运管理
局，代表政府行使下列六大政

① 玄坛庙码头及重庆港务局遗址
② 玄坛庙码头及重庆港务局遗址
③ 玄坛庙码头及重庆港务局遗址

① 玄坛庙码头及重庆港务局遗址
② 玄坛庙码头及重庆港务局遗址
③ 玄坛庙码头及重庆港务局遗址
④ 玄坛庙码头及重庆港务局遗址

府职能:1.实行行业管理,统一生产经营;2.制定管理制度,统一管理港口;3.指定船舶泊位,管理在港船舶;4.组织运输生产,确保港口畅通;5.制定统一规划,负责港口建设;6.管理码头趸船,调整码头布局。

从解放初期到改革开放的三十年中,我国对沿海和长江干线的主要港口,一直实行中央集中管理,政府直接指挥和组织企业的生产活动,形成政企合一、高度集中的管理模式。三线建设时期,重庆港务局对朝天门码头对岸的南岸区区域各码头,其定位作了适用于战备需要的新调整:玄坛庙至野猫溪码头,划为供水货运码头和轮渡码头;鸡冠石码头,划为高危险品码头;窍角沱马脑壳码头,划为油料供应码头;王家沱码头,划为粮食及日用品公用码头;弹子石正码头,划为轮渡码头及公用码头。

1983年5月,国务院批准交通部关于长江航运体制改革方案,在重庆市进行城市经济体制改革试点的同时,重庆市港口体制改革也同步进行,重庆港务管理局的改革开始拉开大幕:按照港航分管的原则,将重庆港务管理局从长江航运管理局重庆分局划出,组建具有行政管理职能的港政管理机构(即重庆市港口管理局),实行由交通部和重庆市的双重领导,以交通部为主。从1987年开始至20世纪末,这套管理体制实行部、市双重领导,以重庆市为主。从2002年10月31日开始,重庆市港口管理局改制为重庆港务(集团)有限责任公司,重庆市正式实行"政企分开,多家经营"的港口运行机制。

第49节　四川省中药研究所

我家祖上曾是中医，因此父亲与我多少也跟医药沾边。

父亲抗美援朝时，曾是机枪手，荣获过二等功一次，因他所在的二十七军八十四师二四六团在长津湖一役伤亡惨重，非常缺医少药。父亲懂得一些基本医药知识，经过短训后他就转为了职业军医，在此岗位他又荣获过两次三等功。

1975年，作为重庆41中学校初76年级四班的班长，我被选入了学校的"红医班"，在当年的暑期，由学校组织，

我第一次去到了四川省中药研究所参观学习。

2021 年 12 月 10 日，重庆三线两会组团到四川省中药研究所考察调研，作为南岸区工程师协会会长、我的师弟廖光平副研究员，专程从重庆党校返回，盛情接待了我们。廖光平副研究员告诉我们：该所的前身系国民政府经济部的中央工业实验所，始建于民国十九年（1930 年）的南京，抗战时迁来重庆。1946 年，中央工业实验所大部分迁返南京，留渝部分更名为重庆工业实验所。1948 年，重庆工业实验所设立国药研究室。重庆解放后，该所由人民政府接管，隶属于轻工业部。1952 年迁往南岸区黄桷垭。1958 年下放给四川省卫生厅管理，更名为"四川省中药研究所"。

四川省中药研究所占地面积 133300 平方米，建筑面积 37000 平方米。1989 年有职工

① 重庆市中药博物馆
② 重庆市文物保护单位
③ 四川中药研究所科研中心

400人，其中科技人员250人，包括研究员和高级工程师8人，副研究员和副高级工程师39人，中级技术人员84人，该所内设中药生物、中药栽培、中药药理、中药化学、中药制剂、中药开发利用和试验动物饲养等研究以及图书情报、中心实验室。

解放后，由该所主编或参加编著的药物书刊有《中国药用动物志》《中国本草图录》，以及中日合著的《中国原色本草案鉴》等23部。1973年以来，该所在国内外发表论文265篇。其中发表于国际学术刊物的10篇，发表于全国一级学术刊物的逾20篇；114篇被评为优秀论文。

1978年前，该所完成科研项目29项，其中5项获得全国科学大会奖、5项获卫生部科学大会金奖、11项获省科学大会将、8项获市科学大会奖。1979年至1989年间，取得科技成果42项，其中1项获得国际发明奖、2项获得国家发明奖、19项获省科技进步奖、17项分别获得省卫生厅和市科技进步奖。

重庆市民广为人知的"天府可乐""神州可乐""雄狮丸""嫦娥佳丽丸"等产品就是该所科企合作共同开发出来的优异成果。仅"天府可乐"1项，当年由中国天府可乐集团生产、销售，最高年总产量就达到了1.51亿元。

1997年重庆市成为中央直辖市时，四川省中药研究所的管理科室和大部分研究机构搬迁到了成都市（2004年，与原四川省中医药研究院一起，组建了四川省中医药科学院），但是其在重庆市的研究基地归属于重庆市卫生局管理。据廖光平副研究员告诉我们：现在国家正在以该所原在渝单位为核心，在璧山区筹建重庆中医药大学。

① 四川中药研究所遗址
② 四川中药研究所遗址
③ 考察组在博物馆参观
④ 考察组在四川中药研究所实地考察

第50节　四川省香料工业研究所

四川省香料工业研究所前身系重庆工业试验所的芳香工业研究室，1956 年独立建所，地址在南岸区的黄桷垭，隶属于四川省轻工厅，1983 年下放给重庆市轻工业局。占地面积 61000 平方米，建筑面积 16999 平方米，1989 年有职工 153 人。所内设 4 个研究室、1 个情报室、1 个附属香精香料生产厂和 1 个食品添加剂生产车间。该所拥有先进精密的分析检测仪器，能承担日化产品质量和香精质量检测任务。

①

① 四川省香料工业研究所科研区
② 四川省香料工业研究所原址
③ 四川省香料工业研究所环境

该所主要从事天然香料和日用化工的专业研究。香料研究包括：天然香料资源调查、开发利用、引用栽培及选育，加工工艺及设备设计；合成香料、香精及加香产品的研究；日用化工研究包括：油脂化工，表面活性剂、精细化工、食品饲料添加剂，成分检测、香料应用等。该所也是轻工部定点生产香料的单位。生产的"蜀卉牌"烟用、食用、酒用、乳化、化妆香精等8大类200多个品种，供四川省内外有关单位使用。

该所是四川省率先实行科研改革的试点单位之一。面向市场，该所推广应用科技成果26项，其市场化率为74%；先后与经济实体签订的技术开发、技术转让、技术服务合同134项；年产值1500万元，年利税300多万元。曾在该所工作过、今年77岁的黄绍易老人告诉我们：北碚静观、南岸南山大规模种植蜡梅，就是三线建设时期他们与供销社合作，产业化生产香精的一个成果。

四川省香料工业研究所一角

第51节 交通部重庆公路科学研究所

搞地方史研究，青年人不行，因为他们缺乏一些基本的历史地理知识；老年人也不太行，因为他们跑不太动了；大概像我们这种要老不老的就最合适了。

近四十年来，我路过南岸四公里有上百次，知道那儿有一座交通部重庆公路科学研究所，而且在重庆及全国的公路、铁路及桥梁建设中发挥过重要的作用，但是从来没有进去过，而且照这个名称去查，百度上亦查它不到。

我有一个朋友，也是重庆市工程师协会的副理事

交通部重庆公路科学研究所办公区

长，叫刘强，是位著名的桥梁专家。一个电话过去，他告诉我，过去的交通部重庆公路科学研究所，现在改制后叫"招商局重庆交通科研设计院有限公司"了。照这个单位名称一查，2021年12月24日，我和魏全生、熊克茵、李桂斌所组成的重庆三线两会代表团就赶了过去。

交通部重庆公路科学研究所始建于1965年5月，主要从事公路工程和客车研究与技术开发工作。公路工程包括道路、桥梁、隧道和交通工程；客车包括公路客车、汽车运用、橡胶制品及计算机应用等。当时的所内设置有道路研究室、桥梁研究室、隧道研究室、客汽研究室，主要从事道路沥青与沥青混合料性能、路面结构设计，利用工业废渣筑路，软土路基处治，路基路面排水、公路交通工程、交通安全设施及隧道工程的研究和技术开发。

该所拥有室内大型试验环道和MTS伺服式材料万能试验机等大型精密试验设施。客车试验室拥有成套的客车性能测

试装置，可以进行系统的客车性能研究试验和质量检测。建有汽车专用试验道路和MTSS汽车道路模拟试验装置等大型试验设施。

建所以来，该所承担着国家和交通部下达的重大科研项目和国家级部级标准规范的制订与修订任务，并承接地方的科技开发项目。在"七五"计划期间，主持了高等级公路路线，桥梁CAD系统成套技术开发和JT6120高级新型客运汽车等国家科技攻关项目。该所的技术情报室担负着主办"公路汽车"和"翻胎技术"两个全国情报网的活动任务，负责编辑出版《客车技术与研究》《翻胎工业技术》等刊物。

1989年，该所占地面积14万平方米，建设面积2.8万平方米；时有职工380人。建所以来，该所已取得79项科技成果。1978年，3项获全国科学大会奖；6项获省科学大会奖。1979至1989年间，11项获国家科学技术进步奖，23项获交通部科技成果奖或科技进步奖，9项获市级科技进步奖。1988年、1989年被评为省级科研先进单位。

① 三线建设时期的重庆公路科学研究所
② 改革开放后的重庆交科所大门
③ 改革开放后的重庆交科所综合楼
④ 改革开放后的重庆交科所停车场
⑤ 改革开放后的重庆交科所科研楼